सम्पूर्ण सरल
श्री विद्या

स्मिता वेंकटेश

BlueRose ONE .com DIY
Stories Matter
NewDelhi • London

BLUEROSE PUBLISHERS
India | U.K.

Copyright © Smita Venkatesh 2025

All rights reserved by author. No part of this publication may be reproduced, stored in a retrieval system or transmitted in any form or by any means, electronic, mechanical, photocopying, recording or otherwise, without the prior permission of the author. Although every precaution has been taken to verify the accuracy of the information contained herein, the publisher assumes no responsibility for any errors or omissions. No liability is assumed for damages that may result from the use of information contained within.

BlueRose Publishers takes no responsibility for any damages, losses, or liabilities that may arise from the use or misuse of the information, products, or services provided in this publication.

For permissions requests or inquiries regarding this publication,
please contact:

BLUEROSE PUBLISHERS
www.BlueRoseONE.com
info@bluerosepublishers.com
+91 8882 898 898
+4407342408967

ISBN: 978-93-7018-298-1

First Edition: April 2025

गुरुचरणारविंद में समर्पित

"मैं इस पुस्तक को अपने पूजनीय गुरुजनों को समर्पित करती हूँ, जिन्होंने अपने ज्ञान और आशीर्वाद से मेरी आध्यात्मिक यात्रा को प्रकाशमय और परिपूर्ण बनाया है।
मेरी गुरु परम्परा का आशीष श्री विद्या के सभी साधकों को प्रेरित करे और
उनके जीवन को सार्थकता एवं पूर्णता प्रदान करें।"

!!! श्री गुरु चरणार्पणमस्तु!

लेखक परिचय

गुरु मां हमारे युग की सबसे योग्य आध्यात्मिक विभूतियों में से एक हैं, जिनकी तांत्रिक साधना की असाधारण यात्रा पंद्रह वर्ष की आयु में प्रारंभ हुई और अब तक 35 वर्षों से अधिक का सफर तय कर चुकी है। बनारस के प्रसिद्ध तांत्रिक परंपरा में जन्मी, उन्होंने अपने बचपन से ही अपने पूर्वजों के प्राचीन ज्ञान में दीक्षित होकर अपनी आध्यात्मिक नींव मजबूत की।

उनकी असाधारण आध्यात्मिक योग्यता आधुनिक युग के महानतम तांत्रिक आचार्यों से प्राप्त प्रत्यक्ष दीक्षाओं का परिणाम है। उन्हें श्री विद्या की दीक्षा काशी के विख्यात परम पूज्य **श्रीदत्तात्रेयानंदनाथ** जी से प्राप्त हुई, जो परम पूज्य **करपात्री जी महाराज** (आदी गुरु शंकराचार्य) के प्रत्यक्ष शिष्य थे। उनके पिता, प्रसिद्ध **स्वामी दिव्य चेतनानंद** जी, अपने समय के सबसे प्रतिष्ठित तांत्रिक गुरुओं में से एक थे और उन्हें बगलामुखि महाविद्या सिध्द थी। वे महान **डॉ. नारायण दत्त श्रीमाली** (परमहंस स्वामी निखिलेश्वरानंद जी) तथा **बाबा भूतनाथ** जी के समर्पित शिष्य रहे। बाबा भूतनाथ जी का स्थान **कामाख्या** में वही है जो काली साधना में **रामकृष्ण परमहंस** जी का था—एक ऐसी विभूति जो इस पावन परंपरा में भक्तिभाव की पराकाष्ठा का प्रतीक मानी जाती है।

उनकी साधना यात्रा अत्यंत व्यापक और गहन है, जिसमें उन्होंने **दसों महाविद्याओं** और सभी प्रमुख **सात्विक तांत्रिक** परंपराओं में सिद्धि प्राप्त की है। तंत्र के अतिरिक्त, उन्होंने **क्रिया योग** और **बौद्ध साधनाओं** में भी गहन अध्ययन किया, किंतु अंततः अंततः अपनी आध्यात्मिक साधना की पूर्णता रसोपासना में प्राप्त की। उनकी यह बहुआयामी आध्यात्मिक पृष्ठभूमि उन्हें प्राचीन ज्ञान को अद्वितीय गहराई और प्रामाणिकता के साथ प्रस्तुत करने में सक्षम बनाती है। वे **आदि गुरु शंकराचार्य** द्वारा प्रवर्तित श्री विद्या की **शुद्ध समयाचार** परंपरा का पालन करती हैं, जो पवित्रता, भक्ति और धर्मपरायणता पर बल देती है।

उन्होंने मुंबई विश्वविद्यालय से **इंजीनियरिंग में स्नातक** और **MBA** किया, और कॉर्पोरेट जगत में उल्लेखनीय सफलता प्राप्त करने के बाद पश्चात अपने आपको आध्यात्मिक पथ पर सर्वथोभावेन समर्पित कर दिया। उनके गहन विद्वतापूर्ण समर्पण के कारण उन्हें **कवी कुलगुरु कालिदास संस्कृत विश्वविद्यालय** से संस्कृत में स्वर्ण पदक पथ मिला। जिससे उन्हें पवित्र ग्रंथों का मूल स्रोत से अध्ययन और उनकी प्रामाणिक व्याख्या करने में सक्षमता प्राप्त हुईं।

वर्तमान समय में, गुरु माँ अपने परिवार के साथ अमेरिका में एक संतुलित जीवन व्यतीत कर रही हैं। उनकी गहन आध्यात्मिक साधना और पारिवारिक जीवन का समन्वय, साथ ही उनके व्यावसायिक अनुभव, आधुनिक साधकों के लिए उनकी शिक्षाओं को और भी अधिक प्रासंगिक और सुलभ बनाता है। वे हर वर्ष भारत आती हैं और कई महीनों तक शिविरों का आयोजन करती हैं, अपने शिष्यों से मिलती हैं और अपनी कठोर साधना से अर्जित अनुभवों व सनातन ज्ञान को वितरण करती हैं।

श्री विद्या, काली तंत्र और **कामाख्या तंत्र** पर चार प्रामाणिक ग्रंथों की लेखिका के रूप में, गुरु मां अपने कार्य में शास्त्रीय ज्ञान के साथ जीवंत आध्यात्मिक अनुभवों को संप्रेषित करती हैं। इस प्रकार के साधना अनुभव एक अनवरत प्रमाणिक गुरु परंपरा के मार्गदर्शन और भारत के सर्वश्रेष्ठ तांत्रिक आचार्यों के संरक्षण में किए गए दशकों के समर्पित साधना से प्राप्त होते हैं।

सम्पर्क

1. **Email**: smitavenkatesh108@gmail.com
2. **Official Website:** https://smitavenkatesh.com/
3. **Youtube channel:** https://www.youtube.com/@smitavenkatesh
4. **Instagram ID:** smitavenkatesh.108/
5. **Medium blog:** https://medium.com/@smitavenkatesh

ग्रंथ परिचय

श्री विद्या एक दिव्य और रहस्यपूर्ण यह एक ऐसा आध्यात्मिक मार्ग है जो आपको पराम्बा माँ भगवती ललिता महात्रिपुर सुंदरी से जोड़ता है और आंतरिक शांति व आत्मबोध का मार्ग प्रशस्त करता है। श्री विद्या दस महाविद्याओं में से एक है, जिसे **षोडशी महाविद्या** या **त्रिपुरसुंदरी** महाविद्या के नाम से भी जाना जाता है। इस महाविद्या की अधिष्ठात्री देवी स्वयं माँ ललिता महात्रिपुरसुंदरी हैं।

श्री विद्या को सभी महाविद्याओं में सबसे विस्तृत और जटिल माना जाता है। ऐसा कहा जाता है कि इसकी साधना करने वाले साधक को सभी महाविद्याएं सिध्द हो जाती हैं, यथा **काली, कमला, भुवनेश्वरी, मातंगी, और भैरवी**। यह परंपरा गूढ़ अनुष्ठानों और शक्तिशाली मंत्रों से पूरित है, जो आपकी चेतना को जागृत कर ब्रह्मांड से एकीकार करने की क्षमता रखती है।

यह पुस्तक इन गहन साधनाओं को सरल और सहज अनुभागों में विभाजित करके प्रस्तुत करती है, जिससे इन्हें समझना और अपने जीवन में अपनाना सरल हो जाता है। सदियों से ये गूढ़ शिक्षाएँ एक गुप्त धरोहर के रूप में संरक्षित थीं और केवल कुछ ही लोगों को सुलभ थीं। लेकिन इस पुस्तक में, श्री विद्या की सबसे जटिल धारणाओं को अत्यंत सरलता से प्रस्तुत किया गया है कि निष्ठावान साधक उन्हें आसानी से समझ सके। चाहे आप साधना के मार्ग पर नए हों या अपनी साधना को और अधिक गहराई देना चाहते हों, इस पुस्तक में आपको मूल्यवान अंतर्दृष्टि और व्यावहारिक मार्गदर्शन अवश्य मिलेगा।

इस पुस्तक में आप सीखेंगे-

1. **तांत्रोक्त गुरु पूजन और दैनिक अनुष्ठान** – गुरु पूजन की तांत्रिक विधि, दैनिक अनुष्ठान, शरीर, मन और आत्मा के शुद्धिकरण की विधि इस ग्रंथ में समाहित है। ये साधना के मूलभूत आधार हैं। हमारी परंपरा में तांत्रोक्त गुरु पूजन को सर्वोच्च स्थान दिया गया है, और इसे प्रातःकाल सबसे पहले करना आवश्यक होता है।
2. **संरक्षण विधियाँ** – संरक्षक देवताओं के आह्वान की विधि भी इस पुस्तक में दी गई है। संरक्षक देवता आपको नकारात्मक शक्तियों से रक्षा करते हैं, जिससे आपकी साधना सुचारू रूप से चलती रहे।
3. **श्रीयंत्र पूजन** – श्रीयंत्र ब्रह्मांड की परम दिव्य शक्ति का प्रतीक है। प्रस्तुत ग्रंथ में श्रीयंत्र पूजन की सांगोपांग विधि दी गई हैं। इसके माध्यम से आप श्रीयंत्र के नव आवरणों में स्थित 180 देवताओं की उपासना कर सकेंगे।
4. **पात्र साधन** – पात्र साधन की जटिल और गुप्त विधियों को भी इस पुस्तक में प्रस्तुत किया गया है।
5. **मंत्र और साधनाएँ** – श्रीविद्या साधना के अंतर्गत प्रयोग किए जाने वाले विभिन्न मंत्रों एवं आध्यात्मिक प्रक्रियाओं का विस्तृत ज्ञान दिया गया है।
6. **अंतर्याग (आंतरिक ध्यान साधनाएँ)** – श्रीविद्या साधनाएँ मुख्यतः **बहिर्याग (बाह्य अनुष्ठान)** और **अंतर्याग (आंतरिक साधनाएँ)** में विभाजित होती हैं। इस ग्रंथ में दोनों का समावेश है। श्रीयंत्र पूजन और पात्र साधन

बहिर्याग में आते हैं। **भूत शुद्धि** (पांच तत्वों की शुद्धि), **मातृकान्यास** (अक्षरों की शक्ति का जागरण), आत्म-प्राण प्रतिष्ठा (आत्म-शक्ति का अभिषेक) जैसी प्रक्रियाएँ **अंतर्याग** के अंतर्गत आती हैं। इस पुस्तक में इन सभी विधियों को विस्तारपूर्वक समझाया गया है।

7. **श्रीविद्या क्रम की अन्य साधनाएं** – श्रीविद्या परंपरा में पूजित अन्य प्रमुख देवता जैसे **महागणपति**, **मातंगी**, **भुवनेश्वरी** और **वाराही** की साधनाओं की विधि दी गई है। इसमें न्यास, मंत्र एवं ध्यान सम्मिलित हैं।
8. **यज्ञ अनुष्ठान** – अग्नि संस्कार आपके वातावरण को शुद्ध करते हैं। प्रस्तुत ग्रंथ में इन यज्ञों की सही प्रक्रिया एवं उनसे जुड़े मंत्रों को विस्तार से दिया गया है।

गुरु का महत्व

यह ग्रंथ श्रीविद्या साधना के लिए एक मूल्यवान साधन है, किंतु यह गुरु के मार्गदर्शन का विकल्प नहीं है। आध्यात्मिक पथ, विशेष रूप से तंत्र मार्ग में, गुरु का होना अनिवार्य है। गुरु के बिना साधना में प्रगति करना कठिन होता है। साधक को प्रमाणिक गुरु परंपरा से जुड़े योग्य गुरु से दीक्षित होकर इस मार्ग का अनुसरण करना चाहिए, यथा शंकराचार्य सम्प्रदाय।

आपकी आध्यात्मिक यात्रा

जब अनेक जन्मों के संचित पुण्य एक साथ उदित होते हैं, तब श्रीविद्या साधना में श्रद्धा जागृत होती है। इसके पश्चात, साधक गहन उत्कण्ठा से भगवान से प्रार्थना करता है, और भगवान् विश्वनाथ स्वयं उसका मार्गदर्शन करते हैं। वे गुरु के रूप में प्रकट होकर शक्तिपात द्वारा साधक को साधना के मार्ग में प्रवृत्त कर देते हैं। शनैः शनैः उसके सांसारिक राग, द्वेष और अन्य दोष दूर हो जाते हैं, और अंततः वह स्वरुप साक्षात्कार द्वारा कृतार्थ हो जाता है।इस साधना के माध्यम से भोग और मोक्ष दोनों की प्राप्ति होती है।

"श्रीसुन्दरी सेवन तत्पराणां भोगश्च मोक्षश्च करस्थ एव।"

(जो श्रीसुंदरी की सेवा में तत्पर होते हैं, उनके लिए भोग और मोक्ष, दोनों ही उनके हाथ में होते हैं।)

विषय सूची

गुरुचरणारविंद में समर्पित 1

लेखक परिचय 2

सम्पर्क 3

ग्रंथ परिचय 4

इस पुस्तक में आप सीखेंगे- 4

गुरु का महत्व 5

आपकी आध्यात्मिक यात्रा 5

श्री विद्या साधना क्रम 15

श्रीविद्या क्रम 15

दीक्षा क्रम 15

साधना अनुष्ठान 15

वैकल्पिक रूप से 16

श्री विद्या साधना के लिए मार्गदर्शिका 17

अदीक्षित साधकों के लिए 17

दीक्षित साधकों के लिए मार्गदर्शिका 17

तान्त्रोक्त गुरु पूजन 20

तांत्रोक्त प्रातः मानसिक गुरु पूजन 20

चौर महामंत्र न्यास 20

गुरु ध्यान 21

मानसिक रूप से गुरु की पूजा करना 21

करन्यास 21

अंगन्यास 22

समर्पण मंत्र 23

गुरु स्तोत्र 23

दैनिक पूजा अनुष्ठान 24

6

गुरु और गणेश का आह्वान	24
शुद्धि मंत्र	24
शिखा बंधन	24
भस्म धारण	24
जल से आत्म शुद्धि	25
धरती माँ का पूजन	25
आसन का पूजन	25
गुरु परम्परा की पूजा	26
कलश स्थापन पूजन	26
पुष्प शुद्धि	27
शंख स्थापन	27
घण्टा नाद	27
दिग्पाल पूजन	27
द्वारपाल पूजन	27
पाप शमन मंत्र	27
शरीर मन और वाणी की शुद्धि का मंत्र	28
दीप अर्पण	28
पाँच सार्वभौमिक तत्व	28
बाधा शमन	28
फट् पाद प्रोक्षण	28
अग्नि चक्र	28
आत्म संरक्षण	29
दिव्यगत, अंतरिक्षगत, और भूमिगत विघ्ननाश	29
नवग्रह प्रार्थना	29
वास्तुपुरुष प्रार्थना	29
भगवान् भैरव से प्रार्थना	29
संकल्प मन्त्र	29

दैनिक साधना मंत्र 31

    अनुष्ठान विधि 31

    गणेश मंत्र 31

    गुरु मंत्र 31

    भैरव मंत्र 31

    गायत्री मंत्र 31

    चेतना मंत्र 32

    अमृत मंत्र 32

    शांति मंत्र 32

    तेजस मंत्र 32

    कायाकल्प मंत्र 32

    प्रायश्चित्त मंत्र 32

    समर्पण 33

बहिर्याग क्रियाएं 35

    ब्रह्मविद्या सम्प्रदाय गुरु स्तोत्र 35

    श्री पादुका पञ्चकं 36

    गुरु पूजा 37

    गुरु पादुका मंत्र 37

मंदिर प्रवेश और पूजा 39

    गृह मंदिर प्रवेश 39

    आचमन मंत्र 39

    गणेश पूजा 39

    भैरव पूजा 39

    पञ्च उपचार पूजा 40

    प्राणायाम 40

    संकल्प 40

आसान पूजा	41
देह रक्षा	41
दिग्बंध	42
अस्त्र मंत्र	42
आशिर्वाद प्राप्ति	42
श्रीचक्र प्राणप्रतिष्ठा	43

श्री नगर पूजा — 45
| दीप पूजा | 47 |

पात्र साधन — 48
पात्रों का परिचय	51
पंचपात्र और पंचमकार की प्रतीकात्मक सम्बंध	51
विशेष अर्घ्य तैयार करना	52
वर्धनी कलश स्थापना	52
सामान्य अर्घ्य पात्र स्थापना और पूजन विधि	54
सुधा देवी पूजा	65
शुद्धि संस्कार - बलि पात्र स्थापना	66
गुरु पात्र और आत्म पात्र स्थापना	67
पूजा समाप्ति के बाद की प्रक्रिया	73

श्रीयंत्र संक्षिप्त परिचय — 74

श्री यंत्र पूजा विधि — 76
करन्यास	76
यंत्रोद्धार	76
चतुरायतन पूजा	79
चौंसठ उपचार	80
षडंग न्यास	89
नित्या देवियों की पूजा	89

श्रीचक्र आवरण पूजा	90
नव आवरण पूजा	**94**
श्री देवी खड्गमाला स्तोत्रम्	**123**
श्री देवी प्रार्थना	123
विनियोग	123
ध्यानम्	123
लमित्यादिपञ्च पूजां कुर्यात्	123
स्तोत्र	124
अंतर्याग क्रिया	**128**
पंच भूत शुद्धि	128
आत्मा प्राण प्रतिष्ठा	129
विघ्नोत्सारणम	130
मातृका न्यास	130
ऋष्यादि न्यास	130
करन्यास	131
हृदयादि न्यास	131
ध्यानम्	131
पंचोपचार पूजा	132
बहिर्मातृकान्यास	132
करशुद्धि आदि न्यास	**138**
करशुद्धिन्यास	138
आत्मरक्षान्यास	138
बाला षडंगन्यास	139
चतुरासनन्यास	139
वाग्देवता न्यास	139
बहिश्चक्रन्यास	140

अन्तश्चक्रन्यास	141

महागणपति साधना 146
विनियोग 146
ऋष्यादिन्यास 146
करन्यास 146
हृदयादिन्यास 146
ध्यान 147
मंत्र 147
सिद्धि के लिए कुल माला गिनती 147
महागणपति की महिमा 147
प्रतीकात्मकता 148

वाराही साधना 151
विनियोग 151
करन्यास 151
हृदयादि न्यास 151
ध्यानम् 151
पञ्च पूजा 152
112 अक्षर का मंत्र 152
अन्य वाराही प्रयोग 152
सिद्धि के लिए कुल माला गिनती 153
वाराही की महिमा 153

मातंगी साधना 157
विनियोग 157
ऋष्यादि न्यास 157
करन्यास 157
हृदयादि न्यास 157

ध्यान	158
मंत्र	158
सिद्धि के लिए कुल माला गिनती	158
मातंगी की महिमा	158

भुवनेश्वरी साधना 162

विनियोग	162
ऋष्यादि न्यास	162
करन्यास	162
हृदयादिन्यास	162
ध्यान	163
मंत्र	163
सिद्धि के लिए कुल माला गिनती	163
भुवनेश्वरी महात्मय	163

होम विधि 166

आचमन (शुद्धि के लिए जल ग्रहण)	166
भगवान गणेश की प्रार्थना	166
कलश स्थापना	166
होमम के लिए सामग्री	166
प्रक्रिया	167
अग्नि की पूजा	167
अग्नि का शोधन (संस्कार)	169
दिग्पाल पूजा - दस दिशाओं के देवताओं की पूजा	169
गणेश, गुरु, भैरव और दस महाविद्याओं का आह्वान	171
उपरोक्त आहुतियां देने के बाद आगे निम्नलिखित आहुतियां दें।	172
दस महाविद्याओं को आहुति	174
दस महाविद्याओं के मंत्र	174

बलिदान - शुद्धान्न बलि (शुद्ध चावल की बलि)	176
पूर्णाहुति - होम का समापन	176
समापन और ध्यान	176
होम समापन	177

दैनिक पूजा अनुष्ठान (केवल मंत्र) 178

गुरु और गणेश का आह्वान	178
शुद्धि मंत्र	178
शिखा बंधन	178
भस्म धारण	178
जल से आत्म शुद्धि	178
धरती माँ का पूजन	178
आसन का पूजन	179
गुरु परम्परा की पूजा	179
कलश स्थापन पूजन	179
पुष्प शुद्धि	180
शंख स्थापन	180
घण्टा नाद	180
दिग्पाल पूजन	180
द्वारपाल पूजन	180
पाप शमन मंत्र	181
शरीर मन और वाणी की शुद्धि का मंत्र	181
दीप अर्पण	181
पाँच सार्वभौमिक तत्व	181
बाधा शमन	181
अग्नि चक्र	181
आत्मा संरक्षण	181

भगवान् गणेश से प्रार्थना 182

नवग्रह प्रार्थना 182

वास्तुपुरुष प्रार्थना 182

भगवान् भैरव से प्रार्थना 182

संकल्प मन्त्र 182

दैनिक साधना मंत्र (केवल मंत्र) 183

गणेश मंत्र 183

गुरु मंत्र 183

भैरव मंत्र 183

गायत्री मंत्र 183

चेतना मंत्र 183

अमृत मंत्र 184

शांति मंत्र 184

तेजस मंत्र 184

कायाकल्प मंत्र 184

प्रायश्चित्त मंत्र 184

समर्पण 184

श्री विद्या साधना क्रम

श्रीविद्या क्रम
1. गुरु
2. महा गणपति
3. भैरव
4. वराही
5. राज मातंगी
6. भुवनेश्वरी

दीक्षा क्रम
1. **उपदेशी** - गुरु, गणपति, भैरव
2. **शांभवी** - वाग्बीज (गुरु परंपरा से प्राप्त गुप्त मंत्र)
3. **शक्ति** - बाला, राज मातंगी, बाला गायत्री, भुवनेश्वरी, मातंगी, वाराही, महा गणपति
4. **महाभिषेक** - पंचदशी
5. **पूर्णाभिषेक** - षोडशी

साधना अनुष्ठान
1. **साधना** के छह भाग हैं:
   a. **अनुष्ठान** - गुरु द्वारा बताए गए जप की एक निश्चित संख्या करना और इस पुस्तक में वर्णित अन्य सभी अनुष्ठान।
   b. **होमम** - देवताओं को आहूति अर्पित करना
   c. **तर्पण** - देवताओं को जल अर्पित करना
   d. **मार्जन** - स्वयं के मस्तक का जल से प्रोक्षण करना
   e. **दक्षिणा** - गुरु को दक्षिणा अर्पित करना
   f. **दान** - दान पुण्य करना

   साधना प्रक्रिया को समझने के लिए, एक उदाहरण लेते हैं जिसमें गुरु ने आपको किसी मंत्र का **1,25,000 (1250 मालाएँ)** जप करने का निर्देश दिया है। ऐसी स्थिति में निम्नलिखित प्रक्रिया का पालन किया जाना चाहिए:

2. **मंत्र जप**
   मंत्र का **125,000 (1250 माला)** बार जप करें। संकल्प अनुसार निर्धारित समय अवधि में करें।

3. **अग्नि आहुति (होम)**

अग्नि में **12,500 (125 माला)** आहुति दें, जो कुल मंत्र संख्या का **1/10वाँ** हिस्सा है। आप प्रतिदिन एक निश्चित संख्या में आहुति दे सकते हैं या धीरे-धीरे संख्या बढ़ा सकते हैं जब तक कि सभी 12,500 आहुति पूरी न हो जाएँ।

4. **तर्पण**

   तर्पण के साथ होम का समापन करें, जिसमें देवताओं को जल अर्पित किया जाता है। तर्पण की संख्या कुल आहुतियों का **1/10वाँ** हिस्सा होनी चाहिए, जो **1,250 (13 माला)** है।

5. **मार्जन**

6. अपने मस्तक पर जल छिड़क कर **मार्जन** करें। मार्जन की कुल संख्या तर्पण की संख्या का **1/10वाँ** भाग होनी चाहिए, जो **125 (1 माला)** है।

7. **आशीर्वाद प्राप्त करना**

   अग्नि आहुति पूरी करने के बाद, अपने गुरु से आशीर्वाद लें। कृतज्ञता के प्रतीक के रूप में गुरु को फल, फूल और उपहार अर्पित करें।

8. **दान**

   साधना प्रक्रिया को पूरा करने के लिए मंदिरों में दान करें और ज़रूरतमंदों को दान करें।

वैकल्पिक रूप से

1. यदि आप होम, तर्पण और **मार्जन** करने में असमर्थ हैं, तो आप अतिरिक्त मंत्रों का जप करके क्षतिपूर्ति कर सकते हैं।
2. **125,000 जप (1,250 माला के बराबर)** के स्थान पर, आप **1,400 माला** जप सकते हैं।
3. इसके अतिरिक्त, अपने गुरु को दक्षिणा अर्पित करें और दान पुण्य करें।

श्री विद्या साधना के लिए मार्गदर्शिका

इस पुस्तक में वर्णित विस्तृत अनुष्ठान और साधनाएँ नए साधकों को कठिन लग सकती हैं, और वे यह सोचकर घबरा हो सकते हैं कि श्री विद्या की साधना कैसे करें। इसलिए, यह एक संक्षिप्त मार्गदर्शिका प्रस्तुत की जा रही है, जो किसी भी नए साधक के लिए श्री विद्या साधना में सहायक होगी।

अदीक्षित साधकों के लिए

1. अदीक्षित (जो दीक्षित नहीं हैं) साधकों को प्रतिदिन निम्नलिखित स्तोत्रों में से किसी एक का अभ्यास करना चाहिए
    a. ललिता सहस्रनाम
    b. ललिता त्रिशती
    c. देवी खड्गमाला
    d. सौंदर्य लहरी
2. अदीक्षित साधक निम्नलिखित साधनाओं का भी अभ्यास कर सकते हैं—
    a. श्रीयंत्र पूजन
    b. मातृका न्यास
    c. पात्र साधन
    d. भूत शुद्धि (पंच तत्वों की शुद्धि)
    e. आत्म प्राण प्रतिष्ठा (स्वयं की प्रतिष्ठा)
    f. होम (यज्ञ)
    g. मुद्राएँ

दीक्षित साधकों के लिए मार्गदर्शिका

1. दीक्षित साधकों को प्रतिदिन निम्नलिखित साधनाएँ करनी चाहिए
    a. तंत्रोक्त गुरु पूजन
    b. दैनिक साधना के अनुष्ठान और मंत्र
    c. भूत शुद्धि
    d. आत्म प्राण प्रतिष्ठा
    e. सभी दीक्षित मंत्रों की कम से कम 1 माला जप
    f. अपने अनुष्ठान मंत्र की 11 मालाएँ

g. इसके अतिरिक्त, इस पुस्तक में दिए गए किसी एक अनुष्ठान को कुछ सप्ताह तक अभ्यास करके सीखें और फिर अगले अनुष्ठान की ओर बढ़ें
    i. मातृका न्यास
    ii. श्रीयंत्र पूजन
    iii. पात्र साधन
2. यदि समय का अभाव हो तो कम से कम निम्नलिखित करें—
    a. तंत्रोक्त गुरु पूजन
    b. दैनिक साधना के अनुष्ठान
    c. दैनिक मंत्र जप
    d. अपने अनुष्ठान मंत्र की 11 मालाएँ

नोट: तंत्रोक्त गुरु पूजन, दैनिक साधना अनुष्ठान, और उनकी विधि इस पुस्तक के **(भाग 1 – "दैनिक अनुष्ठान")** में विस्तार से समझाई गई है।

भाग - 1

नित्य साधना क्रम

तान्त्रोक्त गुरु पूजन

तांत्रोक्त प्रातः मानसिक गुरु पूजन

प्रातः उठकर अपनी शैया पर बैठे- बैठे ही **"ॐ ह्रौं"** का 108 बार जप कर लेना चाहिए।

चौर महामंत्र न्यास

तत्पश्चात निम्नलिखित शरीर के अंग का स्पर्श करके सामने लिखे बीज मंत्र का जप कीजिये। जप संख्या मंत्र के सन्मुख ही दी गयी है

उदाहरण के लिए-

- अपना दाहिना हाथ अपने हृदय पर रख कर 10 बार **"क्रीं"** का जप करें

क्रमांक	अंग	मंत्र	संख्या
1	हृदय	क्रीं	10
2	दोनों नेत्र	ह्रीं ह्रीं	20
3	दोनों कान	ह्रीं ह्रीं	20
4	दोनों नाक	हुँ हुँ	20
5	मुख	स्त्रीं	10
6	नाभि	क्लीं	10
7	लिंग-मूल	हसौः	10
8	गुह्य	ब्लूं	10
9	भ्रू- मध्य	हूँ	10
10	सिर	ह्रीं स्त्रीं क्लीं	10

- **नोट** - लिंग- मूल तथा गुह्य केवल भावना से करना है। स्पर्श नहीं करना है ।

गुरु ध्यान

तत्पश्चात गुरु का हृदय, आज्ञा और सहस्रार में ध्यान करें। ध्यान के लिए आप निम्नलिखित ध्यान मंत्र या गुरु के अन्य ध्यान मंत्र का प्रयोग कर सकते हैं।

ॐ वराभयकरं शान्तं शुक्ल वर्णं सशक्तिकम्।
ज्ञानानन्दमयं साक्षात सर्व-ब्रह्म- स्वरूपकं।।
ध्यायेच्छिरसि शुक्लाब्जे द्विनेत्रं द्विभुजं गुरुं।
श्वेतांबर परिधानं ज्ञान माल्यानुलेपनं।।
वराभयकरं शान्तं करुणामयविग्रहं।
स्मेराननं सुप्रसन्नं साधकाभिष्टदायकं।।

मानसिक रूप से गुरु की पूजा करना

तत्पश्चात गुरु का मानसिक पंचोपचार पूजन करें और उन्हें मानसिक रूप से गंध, पुष्प, धुप, दीप, नैवैद्य आदि अर्पित करें।

1. ***ऐं कनिष्ठिकाभ्यां लं पृथ्वियात्मकं गंधम् सशक्तिकं श्री गुरुवे समर्पयामि नमः*** (सुगंध अर्पित करें)
2. ***ऐं अंगुष्ठाभ्यां हं आकाशात्मकं पुष्पम् सशक्तिकं श्री गुरुवे समर्पयामि नमः*** (पुष्प अर्पित करें)
3. ***ऐं तर्जनीभ्यां यं वायव्यात्मकं धूपं सशक्तिकं श्री गुरुवे समर्पयामि नमः*** (धूप अर्पित करें)
4. ***ऐं मध्यमाभ्यां रं अग्न्यात्मकं दीपं सशक्तिकं श्री गुरुवे समर्पयामि नमः*** (दीप अर्पित करें)
5. ***ऐं अनामिकाभ्यां वं अमृतात्मकं नैवेद्यं सशक्तिकं श्री गुरुवे समर्पयामि नमः*** (नैवेद्य अर्पित करें)
6. ***ऐं करतलपृष्ठाभ्यां सं सर्वात्मकं ताम्बूलं सशक्तिकं श्री गुरुवे समर्पयामि नमः*** (ताम्बूल अर्पित करें)

करन्यास

भावना करें कि आप शिव शक्ति के अंश हैं। आपके गुरु साक्षात् शिव शक्ति का स्वरुप हैं और उनकी शक्ति ही आपके भीतर चल रही है। गुरु शक्ति को अपने अंदर **चलायमान** करने के लिए न्यास करें। आप नीचे दी गयी तालिका में से किसी एक मन्त्र की श्रृंखला से न्यास कर सकते हैं । आप **'श्री गुरुवे नमः'** से कर न्यास कर सकते हैं, या **बीज मंत्रों** से, या फिर **श्रृंखला 3** में दिए गए मंत्रों से न्यास कर सकते हैं । ऐसा भाव करें कि गुरु की शक्ति आपकी उंगलियों में स्थापित हो रही है।

क्रमांक	ऊँगली	न्यास मन्त्र 1	न्यास मन्त्र 2	न्यास मन्त्र 3
1	अंगूठा	श्री गुरुवे नमः	गां	श्री अंगुष्ठाभ्यां नमः

2	तर्जनी	श्री गुरुवे नमः	गीं	गु तर्जनीभ्यां स्वाहा
3	मध्यमा	श्री गुरुवे नमः	गूं	रु मध्यमाभ्यां नमः
4	अनामिका	श्री गुरुवे नमः	गैं	वे अनामिकाभ्यां वौषट
5	कनिष्ठिका	श्री गुरुवे नमः	गौं	न कनिष्ठिकाभ्यां
6	करतल	श्री गुरुवे नमः	गः	मः करतल कर पृष्ठाभ्यां फट्

अंगन्यास

कर न्यास की ही भाँति अंग न्यास कीजिए।

क्रमांक	अंग	न्यास मन्त्र 1	न्यास मन्त्र 2	न्यास मन्त्र 3
1	हृदय	श्री हृदयाय नमः	श्री गुरुवे नमः	गां
2	सिर	गु शिरसे स्वाहा	श्री गुरुवे नमः	गीं
3	शिखा	रु शिखायै वषट्	श्री गुरुवे नमः	गूं
4	कवच	वे कवचाय हुं	श्री गुरुवे नमः	गैं
5	नेत्रत्रय	न नेत्रत्रयाय वौषट्	श्री गुरुवे नमः	गौं
6	अस्त्र	मः अस्त्राय फट्	श्री गुरुवे नमः	गः

तत्पश्चात "***ॐ परमतत्त्वाय नारायणाय गुरुभ्यो नमः***" का 108 बार जप करें ।

समर्पण मंत्र

अंत में **"ऐं"** गुरु बीज मंत्र और योनि मुद्रा द्वारा जप समर्पण करें ।

"ॐ गुह्याति गुह्य गोप्त्री त्वम् गृहाणास्मत् कृतं जपं
सिद्धिर्भवतु में देवी त्वत् प्रसादान् महेश्वरी" ।

गुरु स्तोत्र

आप निम्नलिखित स्तोत्र या किसी अन्य स्तोत्र का पाठ कर गुरु को समर्पित कर सकते हैं ।

अखण्डमण्डलाकारं व्याप्तं येन चराचरम्।
तत्पदं दर्शितम् येन तस्मै श्रीगुरुवै नमः।।

न गुरोरधिकं तत्त्वं न गुरोरधिकं तपः
तत्वज्ञानं परम् नास्ति तस्मै श्रीगुरुवै नमः।।

अज्ञानतिमिरान्धस्य ज्ञानाञ्जन शलाकया।
चक्क्षुरुन्मिलितम् येन तस्मै श्रीगुरुवै नमः।।

नमो अस्तु गुरुवे तस्मै इष्ट देव स्वरुपिणे।
यस्यवागामृतं हन्ति विषं संसार संज्ञकम्।।

भव पाश विनाशाय ज्ञान दृष्टि प्रदर्शिने।
नमः तुभ्यं भुक्ति मुक्ति प्रदायिने।।

नराकृति परब्रह्म रुपायाज्ञान हारिणे।
कुल धर्म प्रकाशाय तस्मै श्री गुरुवै नमः।।

इस प्रकार श्रद्धा से गुरु को नमस्कार करें और **"ऐं "** बीज द्वारा प्राणायाम करें ।

!!! श्री गुरु चरणार्पणमस्तु!!!

दैनिक पूजा अनुष्ठान

गुरु और गणेश का आह्वान

सर्व प्रथम गुरु और गणेश का ध्यान करें। निम्नलिखित मन्त्रों का जप करें और उनके चित्र पर पुष्प अर्पित करें।

- गुरु मन्त्र "***ॐ गुं गुरुभ्यो नमः***" का जप करके गुरु तत्व को जागृत करें ।
- तत्पश्चात "***ॐ गं गणपतये नमः***" का जप करके गणेश जी का स्मरण करें ।

शुद्धि मंत्र

उसके बाद आचमन पात्र के जल में एक पुष्प भिगोकर निम्नलिखित मंत्र का जप करते हुए सिर पर जल छिड़कें और भावना करें कि आप पूर्ण रुप से शुद्ध हो गए हैं

ॐ अपवित्रः पवित्रो वा सर्वावस्थां गतोऽपि वा
यः स्मरेत् पुण्डरिकाक्षं सर्व बाह्य अभ्यन्तरः शुचिः

अर्थ- "भगवान विष्णु के कमल समान नेत्रों का स्मरण करने मात्र से ही हम आंतरिक और बाह्य रुप से शुद्ध हो जाते हैं, चाहे हमारी अवस्था कैसी भी हो।"

शिखा बंधन

फिर निम्नलिखित मंत्र का जप करते हुए अपने सिर के ऊपर शिखा बांधें।

ॐ मणिधारिणि वज्रिणी महा प्रतिसरे रक्ष रक्ष हुं फट् स्वाहा

भस्म धारण

शिखा बंधन के बाद ललाट पर भस्म धारण करें और तीन रेखा बनायें और निम्नलिखित मंत्र का जप करें।

ॐ त्रयंबकं यजामहे सुगन्धिं पुष्टिवर्धनम्।
उरुवारुक्मिव बन्धनात् मृत्योर्मोक्षिय् मामृतात।।

जल से आत्म शुद्धि

आचमन पात्र से जल लेकर अपने ऊपर छिड़कें और फिर नीचे दिए गए मंत्र को पढ़कर जल पियें ।

ऐं आत्म तत्त्व शोधयामि स्वाहा	*प्रथम आचमन*
ह्रीं विद्या तत्व शोधयामि स्वाहा	*द्वितीय आचमन*
क्लीं शिव तत्त्व शोधयामि स्वाहा	*तृतीय आचमन*
ऐं ह्रीं क्लीं सर्व तत्त्व शोधयामि स्वाहा	*चतुर्थ आचमन*

धरती माँ का पूजन

जल से शुद्धि करने के बाद धरती माँ का पूजन करने के लिए धरती पर अपने बाएं हाथ से पुष्प चढ़ाएं और निम्नलिखित मंत्र का जप करें।

ॐ ह्रीं आधारशक्तये नमः।

आसन का पूजन

धरती माँ की पूजा करने के बाद साधक को आसन की वंदना करनी चाहिए। अपने आसन के नीचे कुमकुम (सिन्दूर) से एक छोटा त्रिकोण बनायें और निम्नलिखित मंत्र का जप करते हुए इसे आसन से ढँक दें।

ॐ आः सुरेखे वज्रे रेखे हुं फट् स्वाहा ।

इसके बाद, आसन पर जल छिड़कें और इन मंत्रों का जप करते हुए आसन का पूजन करें।

ॐ क्षेत्रपालाय नमः ।

न्यास-

ॐ पृथ्वी आसन मंत्रस्य मेरु पृष्ठः ऋषिः सुतलं छन्दः। कूर्मो देवता आसने विनियोगः।

ॐ पृथ्वी त्वया धृता लोका देवी त्वं विष्णुनां धृता
त्वं च धारय मां नित्यं देवीम् पवित्रं कुरुचासनं।

तत्पश्चात अपने आसन को शुद्ध करने के लिए इन निम्नलिखित मन्त्रों का जप करते हुए आसन पर पांच बिंदियाँ लगाएं

1. ***ॐ पृथ्वीव्यै नमः***
2. ***ॐ कूर्माय नमः***
3. ***ॐ अनन्ताय नमः***
4. ***ॐ विमलायै नमः***
5. ***ॐ योगपीठाय नमः***

गुरु परम्परा की पूजा

आसन पूजा करने के बाद अपनी बायीं ओर कच्चे चावल की पाँच ढेरी रखें और प्रत्येक पर एक-एक सुपारी रखें। उनमें से प्रत्येक पर एक छोटी सी सिन्दूर की बिंदी लगाएं और उनमें गुरुओं की पंक्ति के रूप में भावना करें। वैकल्पिक रूप से आप गुरु यंत्र का उपयोग कर सकते हैं और गुरु मन्त्रों का जप करके उन पर फूल चढ़ा सकते हैं।

1. ***ॐ गुं गुरुभ्यो नमः***
2. ***ॐ पं परम् गुरुभ्यो नमः***
3. ***ॐ पं परात्पर गुरुभ्यो नमः***
4. ***ॐ पं परमेष्ठी गुरुभ्यो नमः***
5. ***ॐ पं परापर गुरुभ्यो नमः***
6. ***ॐ सिद्धाश्रमाय नमः***
7. ***ॐ सिद्धाश्रमस्य समस्त ऋषिभ्यो नमः***

(मेरे गुरु और उनके पूर्ववर्तियों को नमस्कार। सिद्धाश्रम के समस्त संतों को नमस्कार)

कलश स्थापन पूजन

एक कलश में जल भरकर भावना करें कि भारत की पवित्र नदियों का सारा शुभ जल कलश में समा रहा है। चावल और फूल चढ़ाएँ, ग्यारह बार "***वं वरुणाय नमः***" मंत्र का जप करें, **मत्स्य मुद्रा** प्रदर्शित करें और फिर निम्नलिखित मंत्रों का जप करके कलश को शुद्ध करें।

ॐ ब्रम्हाण्डोपरि तीर्थानिकरैः स्पृष्ठानि ते रवे
तेन सत्येन मे देवं तीर्थं देहि दिवाकर ॥
ॐ गंगेच यमुने चैव, गोदावरि सरस्वति ।
नर्मदे सिंधु कावेरी, जलेऽस्मिन सन्निधिं कुरु ॥

तदंतर कलश के चारो ओर केसर की बिंदी लगाते हुए निम्न मंत्र का जप करें

1. ***ॐ पूर्वे ऋगवेदाय नमः***
2. ***ॐ उत्तरे यजुर्वेदाय नमः***

3. *ॐ पश्चिमे अथर्व वेदाय नमः*
4. *ॐ दक्षिणे सामवेदाय नमः*

इसके बाद, पूजन में उपयोग होने वाली सभी वस्तुओं और स्वयं पर जल छिड़कें।

पुष्प शुद्धि

पूजा में उपयोग किए गए फूलों को शुद्ध करने के लिए उन पर जल छिड़कें।

ॐ पुष्पकेतु राजार्हत, पुष्पे पुण्य सम्भवे ।
पुष्पचयावकीर्णे हुं फट् स्वाहा॥

शंख स्थापन

जलपात्र के पास शंख रखें तथा सिंदूर, फूल और चावल से उसकी पूजा करें।

घण्टा नाद

देवताओं के आगमन और राक्षसों के प्रस्थान के लिए घंटी का नाद किया जाता है। इसलिए, पहले घंटी बजानी चाहिए और फिर श्रद्धापूर्वक उसकी पूजा करनी चाहिए।

दिग्पाल पूजन

दसों दिशाओं के देवताओं की पूजा के लिए नीचे दिए गए मंत्र का (दस बार) उच्चारण करते हुए सभी दस दिशाओं में फूल और चावल चढ़ाएं।

ॐ इन्द्रादि दशदिक्पालेभ्यो नमः।

द्वारपाल पूजन

चारों दिशाओं के संरक्षकों की पूजा करने के लिए नीचे दिए गए मंत्र का (चार बार) जप करें । चारों दिशाओं में फूल और चावल चढ़ाएं, पूर्व से शुरु कर करते हुए दक्षिणावर्त घुमाएं।

ॐ गणेशादि द्वारपालेभ्यो नमः

पाप शमन मंत्र

अपनी पापमय देह को भस्म की भावना करनी चाहिए। सभी पापों को भस्म के लिए और शुद्ध स्वरुप में स्थित होने के लिए निम्नलिखित मंत्र का जप करें। भावना करें कि मन, शरीर और वाणी द्वारा किए गए किसी भी गतिविधि की सभी पापपूर्ण प्रतिक्रियाएं नष्ट हो गयी हैं और आप शिवमय हो गए हैं।

ॐ देवी त्वत् प्रकृतिं चिन्तां पापाक्रान्तं
भून्मं तन्निस्सरन्तु चिंतान्मे पापं हुं फट् च ते नमः।।

शरीर मन और वाणी की शुद्धि का मंत्र

यह मंत्र साधक को **अंतर** और **बाह्य** रूप से शुद्ध कर देता है, जिससे वह पवित्र मन और शरीर से देवताओं की पूजा करने के योग्य बन जाता है।

आः हुं फट् स्वाहा।

दीप अर्पण

अग्निदेव को साक्षी देवता बनाकर दीप प्रज्वलित करते हुए मंत्र पढ़ें।

दं दीपनाथाय नमः।

पाँच सार्वभौमिक तत्व

पाँच सार्वभौमिक तत्वों तथा अन्य साक्षी देवता जो सार्वभौमिक रूप से उपस्थित हैं और हमारे समस्त शुभ-अशुभ कर्मों के साक्षी हैं। उन्हें अपना सम्मान देते हैं और उनका आशीर्वाद मांगते हैं ।

सूर्यः सोमो यमः कालो महा भूतानि पञ्च च।
एते शुभाशुभ स्येः कर्मणो भव साक्षिणः।

बाधा शमन

यह मंत्र पूजा के दौरान आने वाली सभी बाधाओं को दूर करता है ।

- ***ॐ सर्व विघ्न अनुत्सराय् हुं फट् स्वाहा।***
  अथवा
- ***ॐ अपसर्न्तु ते भूता ये भूता भूमि संस्थिताः ये भूता विघ्न कर्तारः ते नश्यन्तु शिवाज्ञया ।***

फट् पाद प्रोक्षण

अब बाएं पैर के टखने को **"फट् फट्"** कहते हुए ज़मीन पर तीन बार पटकें ।

अग्नि चक्र

भावना करें कि आप अग्नि के एक दिव्य घेरे में विराजमान हैं और साथ ही मूल अक्षर **"रं रं"** का जप करें। कल्पना करें कि यह **अग्नि कवच** किसी भी अशुभ ऊर्जा को अंदर प्रवेश नहीं करने दे रहा है। अग्निदेव की सुरक्षा और उनकी ऊर्जाओं की उपस्थिति को गहराई से महसूस करें।

आत्म संरक्षण

अपनी आत्मा की रक्षा करने और अपनी आध्यात्मिक ऊर्जा को सही दिशा में निर्देशित करने के लिए देवी दुर्गा से प्रार्थना करें।

ॐ दुर्गे रक्षिणी हुं हुं फट स्वाहा ।

दिव्यगत, अंतरिक्षगत, और भूमिगत विघ्ननाश

हम निम्नलिखित मंत्र के माध्यम से भगवान गणेश का आह्वान करते हैं और प्रार्थना करते हैं कि वे हमारी साधना के मार्ग में आने वाली सभी बाधाओं को दूर करें।

ॐ सर्व विघ्नहरः तस्मै श्री गणाधिपतये नमः।

नवग्रह प्रार्थना

हम निम्नलिखित मंत्र के द्वारा नवग्रह की पूजा करते हैं और उनका आशीर्वाद की याचना करते हैं ।

ब्रह्मा मुरारी त्रिपुरान्तकारिः भानुः शशिः भूमिसुतो बुधश्च।
गुरुश्च शुक्रः शनि राहु केतवः सर्वे ग्रहा शान्तिकरा भवन्तु।।

वास्तुपुरुष प्रार्थना

वास्तु पुरुष की पूजा निम्नलिखित मंत्र का जप करते हुए पुष्प और अक्षत चढ़ाकर की जाती है।

ॐ वास्तु पुरुषाये नमः

भगवान् भैरव से प्रार्थना

भैरव सर्वोच्च रक्षक हैं। सभी तांत्रिक साधनाओं में साधना आरंभ करने से पूर्व उनकी अनुमति लेना आवश्यक है। यदि भैरव प्रसन्न हो जाते हैं, तो साधना के परिणाम बहुत शीघ्र प्राप्त होते हैं। भैरव की प्रसन्नता से देवी माँ भी प्रसन्न होती हैं।

तीक्ष्ण दन्त महाकाय कल्पान्त दहनोपम।
भैरवाय नमस्तुभ्यम् अनुज्ञाम् दातुमर्हसि

संकल्प मन्त्र

निम्नलिखित मन्त्र से जप का संकल्प करें ।

ममोपात्त, दुरित क्षयद्वारा, श्री परमेश्वर प्रीत्यर्थं, अस्माकं सहकुटुम्बस्य,
क्षेमस्थैर्य विजय अभय आयुरारोग्य ऐश्वर्य अभिवृद्धिं, धर्मार्थं काम मोक्ष चतुर्विध
फल पुरुषार्थ सिद्ध्यर्थं मंत्र जपं अहम् करिष्ये ।

अर्थ - सभी दुर्भाग्यों को दूर करने के लिए, भगवान शिव को प्रसन्न करने के लिए, अपने और अपने परिवार के कल्याण, स्थिरता, विजय, अभय, दीर्घायु, स्वास्थ्य और समृद्धि के लिए, मैं इस मंत्र का जप करूंगा। यह धर्म (धर्म), अर्थ (समृद्धि), काम (इच्छा) और मोक्ष (मुक्ति) के चार पुरुषार्थों की प्राप्ति के लिए है। "

!!! श्री गुरु चरणार्पणमस्तु!!!

दैनिक साधना मंत्र

अनुष्ठान विधि

1. अपनी साधना शुरू करने से पहले निम्नलिखित मंत्रों का नित्य 5 बार जप करना चाहिए।
2. साधना समाप्ति पर इन मंत्रों का पुनः उल्टे क्रम (प्रायश्चित्त से शुरू करके गणेश मंत्र तक) में जप किया जाना चाहिए।।

गणेश मंत्र

ॐ गं गणपतये नमः॥

गुरु मंत्र

1. ***ॐ परमतत्त्वाय नारायणाय गुरुभ्यो नमः***
2. ***ॐ त्रीं त्रीं त्रिजटाय नमः***
3. ***ॐ क्रीं क्रीं भूतनाथाय नमः***
4. ***ॐ ह्लीं दिव्य चेतनानंदाय ह्लीं ॐ स्वाहा***

   अथवा

   ॐ ह्लीं दिव्य चेतनानंदाय सोहम् ह्लीं ॐ

   अथवा

   ॐ ह्लीं दिव्य चेतनानंदाय ह्लीं ॐ नम
5. ***क्लीं ललिताशरण स्मिताम्बाकायै क्लीं स्वाहा***

   अथवा

   (ॐ) क्लीं ललिताशरण स्मिताम्बाकायै क्लीं ॐ स्वाहा

भैरव मंत्र

ॐ ह्रीं भं भैरवाय नमः

गायत्री मंत्र

ॐ भूर्भुवः स्वः तत् सवितुः वरेण्यम्।
भर्गो देवस्य धीमहि धियो योनः प्रचोदयात्

अर्थ - "हम सूर्य देवता के प्रकाश की आराधना करते हैं जो सभी जीवों के हृदय में है। वह हमें ज्ञान और बुद्धि प्रदान करे।"

चेतना मंत्र

ॐ ह्रीं मम प्राण देह रोम प्रतिरोम चैतन्य जाग्रय ह्रीं ॐ नमः।

अर्थ - मेरे प्राण, शरीर, रोम और प्रत्येक रोमकूप चैतन्य एवं जागृत हों।

अमृत मंत्र

ॐ आत्मप्राण चैतन्य पूर्णत्व सिद्धिम् ऐं ह्रीं श्रीं नमः

अर्थ - मेरा आत्म प्राण चैतन्य हों और मुझे पूर्णता प्राप्त हो।

शांति मंत्र

सर्व बाधा विनिर्मुक्तो धन धान्य सुतान्वितः।
मनुष्यो मत् प्रसादेन भविष्यति न संशयः॥

अर्थ - माँ दुर्गा ने कहा - "सभी बाधाओं से मुक्त, धन, धान्य और संतान से सम्पन्न होकर, मेरी कृपा से मनुष्य सुखी होगा, इसमें कोई संदेह नहीं है।"

तेजस मंत्र

ॐ ह्रीं हुं हुं तेजसे हुं हुं ह्रीं ॐ फट्।

कायाकल्प मंत्र

ॐ मम समस्त देह रोम अन्तर्बाह्य जाग्रय कायाकल्पाय फट्।

अर्थ - मेरे समूचे शरीर और रोमों के अंतर्बाह्य जागरण के लिए, शरीर की पुनर्रचना हो।

प्रायश्चित्त मंत्र

ॐ भुताय त्वां देह प्रायश्चितं परिमार्जनं देह भुताय फट्।

अर्थ - हे पंचभूतों के देवता मैं अपने शरीर के प्रायश्चित और शुद्धि के लिए आपसे प्रार्थना करता हूँ,

समर्पण

अपना जप मानसिक रूप से गुरु और देवी मां को समर्पित करें। निम्नलिखित जप करके क्षमा मांगें।

आवाहनं न जानामि न जानामि विसर्जनम्।
पूजां चैव न जानामि क्षम्यतां परमेश्वरि॥
मन्त्रहीनं क्रियाहीनं भक्तिहीनं सुरेश्वरि।
यत्पूजितं मया देवि परिपूर्णं तदस्तु मे॥
यदक्षर पद भ्रष्टं मात्रहीनं तु यद्भवेत्
तत्सर्वं क्षम्यतां देवी नारायणी नमोस्तुते
विसर्ग बिन्दुमात्राणि पदपादक्षराणि च
न्यूनानी चातिरिकतानि क्षमश्व परमेश्वरी
अन्यथा शरणं नास्ति त्वमेव शरणं मम
तस्मात् कारुण्य भावेन रक्ष रक्ष महेश्वरि
कायेन वाचा मनसे इन्द्रियर्वा
बुद्धि-आत्मना वा प्राकृतेः स्वभावात् ।
करोमि यद्-यत्-सकलं परस्मै
नारायणायेति समर्पयामि ।

अर्थ - हे परमेश्वरी, मैं आवाहन और विसर्जन नहीं जानता, न ही पूजा करना जानता। कृपया मुझे क्षमा करें। हे देवी, मैंने जो भी पूजा की है, वह मन्त्रहीन, क्रियाहीन और भक्तिहीन है, कृपया उसे पूर्ण करें। हे नारायणी, मैंने जो भी अक्षर या शब्द गलत कहे हैं, उन सभी के लिए क्षमा करें। हे परमेश्वरी, विसर्ग, बिन्दु, अक्षरों की कमी या अतिरेक के लिए भी क्षमा करें।

हे महेश्वरी, मेरा कोई और आश्रय नहीं है, आप ही मेरा आश्रय हैं। कृपया दया भाव से मेरी रक्षा करें। मैं जो भी कर्म करता हूँ, शरीर, वाणी, मन, इंद्रियों और बुद्धि से, उसे मैं नारायण को समर्पित करता हूँ।

!!! श्री गुरु चरणार्पणमस्तु!!!

भाग - 2

श्री विद्या बहिर्याग

बहिर्याग क्रियाएं

ब्रह्मविद्या सम्प्रदाय गुरु स्तोत्र

श्रीनाथादि गुरुत्रयं गणपतिं पीठत्रयं भैरवं,
सिद्धौघं बटुकत्रयं पादयुगं द्युतीक्रमं मण्डलम्
वीरान् द्वयष्ट चतुष्कषष्टी नवकं वीरावली पंचकं
श्रीमन्मालिनि मन्त्रराज सहितं वन्दे गुरोर्मण्डलम् ॥

अर्थ - मैं अपने गुरु (श्रीनाथ), परम गुरु और परमेष्ठी गुरु को नमन करता हूँ। गणपति को प्रणाम करता हूँ। तीन पीठों—जलंधर, पूर्णगिरी और कामरुप—जो महाकामेश्वरी, महावज्रेश्वरी और महाभगमालिनी की शक्ति का प्रतीक हैं, को नमन करता हूँ। मैं सिद्धौघ अम्बा, तीन बटुकों, और देवी के प्रकाश चरण और विमर्श चरण को प्रणाम करता हूँ। अग्नि, सूर्य और चंद्र मंडलों को वंदन करता हूँ। मैं वीर अष्ट भैरव और भैरवी को नमन करता हैं। 64 सिद्धों और नवकं (नौ मुद्राओं) के मंत्रों को प्रणाम करता हूँ। साथ ही, ब्रह्मा, विष्णु, रुद्र, ईश्वर सदाशिव और पंच कोशंबा को नमन करता हूँ। मातृका सरस्वती मंत्र (मालिनी) और हमारे संप्रदाय के अनुसार मंत्रराज के साथ गुरु मंडल की वंदना करता हूँ।

नमो ब्रह्मादिभ्यो ब्रह्मा विद्या संप्दायकृतभ्यो
वंशऋषिभ्यो महद्भ्यो नमो गुरुभ्यः।
सर्वोपप्लवरहित प्रज्ञानघनः प्रत्यगर्थो ब्रह्मैवाहमस्मि।। १।।

अर्थ - मैं ब्रह्मा और अन्य देवताओं, विद्वानों, ऋषियों और महान गुरुओं को प्रणाम करता हूँ। मैं सभी दोषों से मुक्त, ज्ञान से भरपूर और आत्मा के साथ एकाकार हूँ।

नारायणं पद्मभुवं वसिष्ठं शक्तिं च तत्पुत्र पराशरं च।
व्यासं शुकं गौड़पादं महान्तं गोविन्दयोगीन्द्रमथास्य शिष्यं।। २।।

अर्थ - मैं नारायण, पद्मभू (ब्रह्मा), वसिष्ठ, शक्ति, पराशर, व्यास, शुक, गौड़पाद और गोविन्द योगींद्र को प्रणाम करता हूँ।

श्री शङ्कराचार्य मथास्य पद्मपादं च हस्तामलकं च शिष्यं।
तं तोटकं वार्तिककारं अन्यान् अस्मद् गुरुन्सन्तत मानतोअस्मि ।। ३।।

अर्थ - मैं श्री शंकराचार्य, उनके शिष्य पद्मपाद, हस्तामलक, तोटक और वार्तिककार (सुरेश्वराचार्य) को प्रणाम करता हूँ।

श्रुति स्मृति पुराणानामालयम् करुणालयम्।
नमामि भगवत्पाद शङ्करं लोकशङ्करं ।। ४।।

अर्थ - मैं श्रुति, स्मृति और पुराणों के आलय, करुणा के आलय, भगवत्पाद शंकराचार्य को प्रणाम करता हूँ।

शङ्करं शन्कराचार्य केशवं बादरायणम्।
सूत्रभाष्यकृतौ वन्दे भगवन्तौ पुनः पुनः।। ५।।

अर्थ - मैं शंकराचार्य, केशव और बादरायण, सूत्र और भाष्य के रचयिताओं को बार-बार प्रणाम करता हूँ।

ईश्वरो गुरुरात्मेति मूर्तिभेदविभागिने
व्योमवदव्याप्त देहाय दक्षिणामूर्तये नमः।। ६ ।।

अर्थ - मैं ईश्वर, गुरु और आत्मा के रुप में विभाजित दक्षिणामूर्ति को प्रणाम करता हूँ, जो आकाश की तरह व्याप्त है।

श्री पादुका पञ्चकं

नमो गुरुभ्यो गुरुपादुकाभ्याम्।
नमः परेभ्यः परपादुकाभ्यः।।
आचार्य सिद्धेश्वर पादुकाभ्यो
नमोस्तु गुरु पादुकाभ्यः।। १।।

अर्थ - सभी गुरुजनों को नमस्कार, गुरु चरण पादुकाओं को नमस्कार। श्री गुरुदेव जी के गुरुजनों एवं उनकी पादुकाओं को नमस्कार । आचार्यों एवं सिद्धेश्वर विद्या के स्वामी की पादुकाओं को नमस्कार । बारम्बार श्री गुरुपादुकाओं को नमस्कार।

कामादि सर्प व्रज गारुड्याभ्यां।
विवेक वैराग्य निधि प्रदाभ्यां
बोध प्रदाभ्यां द्रुत मोक्षदाभ्यां
नमोस्तु गुरु पादुकाभ्यः।। २ ।।

अर्थ - यह अन्तः करण के काम क्रोध आदि महा सर्पों के विष के लिए गरुड़ के समान हैं। विवेक अर्थात अंतर्ज्ञान एवं वैराग्य की निधि प्रदान करने वाली है। जो प्रत्यक्ष ज्ञान प्रदायिनी एवं शीघ्र मोक्ष प्रदान करने वाली है। श्री गुरुदेव की ऐसी पादुकाओं को नमस्कार है, नमस्कार है।

अनन्त संसार समुद्रतार ।
नौकायिताभ्यां स्थिर भक्तिदाभ्यां।।
जड्याब्धि सन्षोशण् बाड्याभ्याम्।
नमो नमः श्री गुरुपादुकाभ्याम्।।

अर्थ -अनंत संसार रुपी समुद्र को पार करने के लिए जो गुरु चरण पादुका नौका के समान है। अविचल भक्ति देने वाली आलस्य, प्रमाद और अज्ञान रुपी जड़ता के समुद्र को भस्म करने के लिए जो अग्नि के समान है, ऐसी श्री गुरुदेव की चरण पादुका को नमस्कार है, नमस्कार है।

गुरु पूजा

गुरुर्ब्रह्मा गुरुर्विष्णु गुरुर्देवो महेश्वरा
गुरु साक्षात परब्रह्म तस्मै श्री गुरुवे नमः
ॐ गुं गुरुवे नमः। श्री गुरुवे पादुकां पूजयामि तर्पयामि नमः।

अर्थ - गुरु ही ब्रह्मा हैं, गुरु ही विष्णु हैं, गुरु ही महेश्वर (शिव) हैं। गुरु स्वयं परब्रह्म हैं। मैं श्री गुरु को प्रणाम करते हुए जल और पुष्प अर्पित करते हैं।

गुरु पादुका मंत्र

अर्थ - मृगी मुद्रा बनायें और निम्नलिखित मंत्र का जप करते हुए गुरु के चरणों में फूल चढ़ाएं और जल छिड़कें।

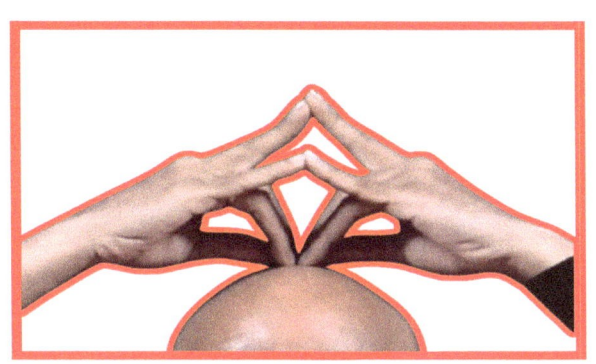

श्री गुरुः श्री ललिता शरण स्मिताम्बा

- *(ऐं, ह्रीं, श्रीं) (ऐं, क्लीं, सौः) हंसः शिवः सोहम् हस्खफ्रें हसक्षमलवरयुं हसौः सहक्षमलवरयीं स्हौः हंसः शिवः सोहं सवरुप निरुपण् हेतवे श्रीगुरुवे नमः। श्री ललिताशरण स्मिताम्बा श्रीपादुकां पूजयामि तर्पयामि नमः*

परमगुरुः स्वामी दिव्य चेतनानंद

- *(ऐं, ह्रीं, श्रीं) (ऐं, क्लीं, सौः) सोहम् हंसः शिवः हस्खफ्रें हसक्षमलवरयुं हसौः सहक्षमलवरयीं स्हौः सोहम् हंसः शिवः स्वच्छ प्रकाश विमर्श हेतवे श्री परम गुरुवै नमः। श्री स्वामी दिव्य चेतनानंद श्रीपादुकां पूजयामि तर्पयामि नमः*

परमेष्ठी गुरु बाबा भूतनाथ , बाबा त्रिजटा, परमहंस निखिलेश्वरानंद

(ऐं, ह्रीं, श्रीं) (ऐं, क्लीं, सौः) हंसः शिवः सोहम् हंसः हस्खफ्रें हसक्षमलवरयुं हसौः सहक्षमलवरयीं स्हौः हंसः शिवः सोहम् हंसः स्वरात्मारामपञ्जर विलीन तेजसे श्रीपरमेष्ठी गुरुवे नमः श्री पादुकां पूजयामि, तर्पयामि नमः ।

1. *श्री भूथनाथाय श्रीपादुकां पूजयामि तर्पयामि नमः।*
2. *श्री त्रिजटाय श्रीपादुकां पूजयामि तर्पयामि नमः ।*
3. *श्री स्वामी निखिलेश्वरानंदाय श्रीपादुकां पूजयामि तर्पयामि नमः ।*

अर्थ - मैं हंस (आत्मा) हूँ, मैं शिव हूँ, मैं सोहम् (मैं ही ब्रह्म हूँ) हूँ। इस मंत्र हस्खफ्रें, हसक्षमलवरयुं, सहक्षमलवरयीं स्हौः द्वारा, अपने स्वरूप को प्रकट करने के लिए, मैं श्री गुरु को प्रणाम करता हूँ। शुद्ध प्रकाश और ज्ञान की प्राप्ति के लिए, मैं श्री परम गुरु को प्रणाम करता हूँ। मैं उन श्री परमेष्ठी गुरु को प्रणाम करता हूँ, जो आत्मा के साथ एकाकार हैं और जिनका तेज सच्चिदानंद (स्वरात्मारामपञ्जर) में विलीन है।

!!! श्री गुरु चरणार्पणमस्तु !!!

मंदिर प्रवेश और पूजा

गृह मंदिर प्रवेश

- *ऐं ह्रीं श्रीं भद्रकाल्यै नमः*
  वेदी के दाहिनी ओर भद्रकाली देवी को फूल चढ़ाएं ।

- *ऐं ह्रीं श्रीं भैरवाय नमः*
  वेदी के बायीं ओर भैरव देवता को फूल चढ़ाएं ।

- *ऐं ह्रीं श्रीं लम्बोदराय नमः*
  वेदी के ऊपर गणेश देवता को फूल चढ़ाएं ।

आचमन मंत्र

आचमन पात्र से जल लेकर अपने ऊपर छिड़कें और फिर नीचे दिए गए मंत्र को पढ़कर जल पियें ।

- *ऐं आत्मतत्त्वं शोधयामि स्वाहा ।*
- *ह्रीं विद्यातत्त्वं शोधयामि स्वाहा ।*
- *श्रीं शिवतत्त्व शोधयामि स्वाहा ।*
- *ऐं ह्रीं श्रीं सर्वतत्त्वं शोधयामि स्वाहा ।*

गणेश पूजा

वक्रतुण्ड महाकाय सूर्य कोटि समप्रभ।
निर्विघ्नं कुरु मे देवा सर्व कार्येषु सर्वदा।।
ॐ श्री गणेशाय नमः।

श्री गणेश पादुकां पूजयामि तर्पयामि नमः।

श्री गणेश के चरणों में जल अर्पित करें, पुष्प अर्पित करें ।

भैरव पूजा

क्रों क्रों काल भैरवाय नमः
श्री भैरव पादुकां पूजयामि तर्पयामि नमः।।

श्री काल भैरव के चरणों में जल अर्पित करें, पुष्प अर्पित करें ।

पञ्च उपचार पूजा

- *लं पृथ्वी आत्मकं गंधं समर्पयामि*
  (मैं अपनी आत्मा के पृथ्वी तत्व से सुगंध अर्पित करता हूँ)

- *हं आकाश आत्मकं धूपं समर्पयामि*
  (मैं अपनी आत्मा के वायु तत्व से धूप अर्पित करता हूँ)

- *रं अग्नि आत्मकं दीपं समर्पयामि*
  (मैं अपनी आत्मा के अग्नि तत्व से दीप अर्पित करता हूँ)

- *वं अमृत आत्मकं नैवैद्यं समर्पयामि*
  (मैं अपनी आत्मा के अमृत तत्व से नैवैद्य अर्पित करता हूँ)

प्राणायाम

- दाहिनी हथेली की तर्जनी और मध्यमा अँगुलियों को मोड़ें ।
- बायीं नासिका को बंद करने के लिए छोटी ऊँगली और अनामिका का उपयोग करें और दायीं नासिका को बंद करने के लिए अंगूठे का उपयोग करें।
- बायीं नासिका से सांस लें, कुछ क्षण के लिए रोकें और दायीं नासिका से छोड़ें। दायीं नासिका से सांस लें, कुछ सेकेण्ड के लिए रोकें और बायीं नासिका से छोड़ें। यह प्राणायाम का एक दौर है।
- इस प्रकार व्यक्ति को निम्नलिखित **ब्रह्मगायत्री मंत्र** सहित तीन बार प्राणायाम करनी चाहिए ।

ॐ भूः। ॐ भुवः। ॐ सुवः। ॐ महः। ॐ जनः ॐ तपः। ॐ सत्यम्। ॐ तत् सवितुर्वरेण्यं भर्गो देवस्य धीमहि धियो यो नः प्रचोदयात्।। ओमापो ज्योति रसोऽमृतं ब्रह्म भूर्भुवस्सुवरोम्।।

अर्थ - हम समस्त लोकों की दिव्य ऊर्जा का आह्वान करते हुए उस परम तेजस्वी सूर्य देव के प्रकाश का ध्यान करते हैं, जो हमारी बुद्धि को प्रेरित करे और हमें अमृत तत्त्व ब्रह्म से जोड़ दे।

संकल्प

हाथों में फूल और चावल लेकर बायीं हथेली के ऊपर दाहिनी हथेली को रखना है। हथेलियों को दाहिनी जांघ पर रखें, अपने आप को चन्दन का तिलक लगाएं और स्वयं को शिव का अंश मानकर आगे की पूजा करें ।

ममोपात्त समस्त दुरितक्षयद्वारा श्री परमेश्वर प्रीत्यर्थं अस्माकं क्षेमस्थैर्य वीर्यविजय आयुरारोग्य ऐश्वर्य अभि वृध्यर्थं समस्त मङ्गल अवाप्त्यर्थं समस्त दुरितोप्शान्त्यर्थं श्री ललिता महात्रिपुर सुन्दरी पराभट्टारिका दर्शन सिद्ध्यर्थे श्रीचक्र नवावरण् पूजां करिष्ये।।

आसान पूजा

आसान पर जल छिड़क कर और **"सौः"** का 12 बार पाठ करके आसान को शुद्ध करें ।

अस्य श्री आसन महामन्त्रस्य पृथिव्या मेरुपृष्ठ ऋषिः सुतलं छन्दः कुर्मो देवता आसने विनियोगः।।

निम्नलिखित प्रार्थना को आसन के प्रति कहा जाना चाहिए ।

पृथ्वी त्वया धृता लोका देवी त्वं विष्णुना धृता
त्वं च धारय मां देवी पवित्रं चासनं कुरु।।

कुछ फूल लेकर चारों कोनों पर और बीच में आसन के लिए अर्चना करनी है।

- *योगासनाय नमः*
- *वीरासनाय नमः*
- *शरासनाय नमः*
- *संयोगासनाय नमः*

ॐ ऐं ह्रीं श्रीं ॐ ह्रीं आधारशक्ति कमलासनाय नमः।।

पृथ्वी के पूजन के लिए फूल अर्पित करें ।

ऐं ह्रीं श्री रक्त द्वादश शक्ति युक्ताय द्वीपनाथाय नमः।।

देह रक्षा

मंत्र का जाप करते हुए शरीर, मन और प्राण की रक्षा करें और दोनों हाथों को सर से पैर तक 3 बार घुमाएं। हाथ की अनामिका और अंगूठे को मिलाकर निम्नलिखित भागों पर रखें

- *गुं गुरुभ्यो नमः ।* दाहिना कन्धा
- *गं गणपतये नमः ।* बायाँ कंधा
- *दुं दुर्गायै नमः ।* दाहिनी जांघ
- *व वटुकाय नमः।* बायीं जांघ
- *यां योगिनिभ्यो नमः।* पाद
- *क्षं क्षेत्रपालाय नमः।* नाभि

- *पं परमात्मने नमः।* हृदय

ऐं ह्रीं श्रीं ॐ नमोः भगवति तिरस्कारिणी महामाये महानिद्रे सकल पशुजन मनस्चक्षुः
श्रोत्र तिरस्करणं कुरु कुरु स्वाहा।।

अर्थ - मैं भगवती तिरस्कारिणी, महामाया, महानिद्रा को प्रणाम करता हूँ। हे देवी, सभी पशुओं के मन, आँखों और कानों को आपकी शक्ति से तिरस्कार करें, करें।

ऐं ह्रीं श्रीं हसन्ति हसितालापे मातङ्गी परिचारिके मम भयविघ्नापदां
नाशं कुरु कुरु ठःठःठः हुं फट् स्वाहा।।

अर्थ - हे हंसते हुए वाणी की अधिष्ठात्री देवी मातंगी, जो मधुर वाणी और हास्य से युक्त हैं! मेरे सभी भय, विघ्न और संकटों को नष्ट करें, नष्ट करें।

दिग्बंध

ऐं ह्रीं श्रीं ॐ नमोः भगवति ज्वलामालिनि देवदेवी सर्वभूत संहारकारिके जातवेदसि ज्वलन्ति
ज्वल ज्वल प्रज्वल प्रज्वल ह्रां ह्रीं ह्रूं र र र र र र र र हुं फट् स्वाहा।।
भूर्भुवस्सुवरोम् इति दिग्बन्धः।।

हे ज्वालामालिनी भगवती, देवों की देवी, समस्त प्राणियों के संहार करने वाली हे अग्निरुपिणी, जो सृष्टि को प्रज्ज्वलित करती हैं, प्रचंड रुप से प्रज्ज्वलित होकर हमारी सभी दिशाओं की संभावित बाधाओं से रक्षा करें।

अस्त्र मंत्र

ऐं ह्रीं श्रीं ऐं ह्रः अस्त्राय फ़ट्।।

इस मंत्र का जाप करते समय अपनी अंगुलियों को सिर के ऊपर घड़ी की सुई की विपरीत दिशा में घुमाएं; इससे आपके चारों ओर की नकारात्मक ऊर्जा समाप्त हो जाएगी।

आशिर्वाद प्राप्ति

दक्षिणामूर्ति और भैरव से आशिर्वाद प्राप्त करने के लिए निम्नलिखित मंत्र का जप करना चाहिए।

(ऐं ह्रीं श्रीं) श्रीगुरो दक्षिणामूर्तये भक्तानुग्रहकारक।
अनुज्ञां देहि भगवान श्रीचक्र यजनाय मे।।

अतिक्रुर महाकाय कल्पान्तदहनोपम्।
भैरवाय नमस्तुभ्यं अनुज्ञां दातुर्महसि।।

(ऐं ह्रीं श्रीं) समस्त प्रकट गुप्त गुप्ततर संप्रदाय कुलोत्तीर्ण निगर्भ रहस्यातिरहस्य
परापराति रहस्य योगिनी देवताभ्यो नमः।।

श्रीचक्र प्राणप्रतिष्ठा

बायीं हथेली को अपने हृदय पर रखें और दाहिने हाथ को अपने श्रीयंत्र पर रखें और यंत्र में प्राण डालने के लिए लघु प्राण प्रतिष्ठा मंत्र का जाप करें । उस स्थान पर श्रीचक्र या मेरु रखें जहाँ पूरी पूजा की जानी है। प्राणप्रतिष्ठा के बाद श्रीचक्र या मेरु कि स्थिति नहीं बदलनी चाहिए।

1. ***(ऐं ह्रीं श्रीं) ॐ आं ह्रीं क्रों, यं रं लं वं, शं षं सं हं ॐ हंसः सोऽहं सोऽहं हंसः शिवः श्रीचक्रस्य प्राणा इह प्राणाः।।***
2. ***(ऐं ह्रीं श्रीं) ॐ आं ह्रीं क्रों, श्रीचक्रस्य जीव इह स्थित। सर्वेन्द्रयाणि वाक्मनश्चक्षुः श्रोत्र जिव्हा घ्राण इहैवागत्य अस्मिन् चक्रे सुखं चिरं तिष्ठन्तु स्वाह।।***
3. ***(ऐं ह्रीं श्रीं) ॐ असुनीते पुनरस्मासु चक्षुः पुनः प्राण मिह नो धेहि भोगम। ज्योक्पश्येमे सूर्य मुच्चन्त् मनुमते मृळया नः स्वस्ति।।***

यह मंत्र श्रीचक्र और शिवतत्त्व की जागृति का आह्वान करता है, जिसमें चेतना, प्राण, और सभी इंद्रियों का एकीकरण किया जाता है। यह श्रीविद्या साधना से संबंधित एक अत्यंत प्रभावशाली तांत्रिक मंत्र है, जो आध्यात्मिक उन्नति, प्राणशक्ति की स्थिरता, और चैतन्य वृद्धि के लिए जपा जाता है।

मंत्र का भावार्थ

1. यह बीजाक्षर मंत्र श्रीचक्र में प्रवाहित होने वाली ऊर्जा का आह्वान करता है। ***"हंसः सोऽहं"*** आत्मस्वरूप का बोध कराता है, जिससे साधक स्वयं को ब्रह्मस्वरूप समझता है।शिव ही श्रीचक्र के प्राणस्वरूप हैं, और इस चक्र में प्रवाहित सभी ऊर्जा उन्हीं से उत्पन्न होती है।
2. यह मंत्र श्रीचक्र की आत्मशक्ति और जीवशक्ति को स्थिर करने का आह्वान करता है। सभी इंद्रियाँ (वाणी, मन, नेत्र, कान, जिह्वा, और नासिका) इस श्रीचक्र में स्थिर हों।
3. हे दिव्य शक्ति! हमें पुनः दिव्य दृष्टि प्रदान करें, हमारे प्राणों में ऊर्जा का संचार करें, और हमें आध्यात्मिक तथा भौतिक समृद्धि प्रदान करें।हम सूर्य की दिव्य चेतना और उनके प्रकाश में ज्ञान एवं कल्याण की प्राप्ति करें।

!!! श्री गुरु चरणार्पणमस्तु!!!

श्री नगर पूजा

श्रीनगर, माँ ललिता का निवास स्थान है और श्रीचक्र के बाहर स्थित है। श्रीनगर में पच्चीस ऊँचे और विशाल दुर्ग हैं, जहाँ ऋषि-मुनि निवास करते हैं। ये दुर्ग श्रीचक्र की रक्षा करते हैं। श्रीचक्र में प्रवेश करने के लिए, हमें श्रीनगर को पार करना होगा। श्रीचक्र में प्रवेश के लिए गुरु कृपा और स्वयं की श्री विद्या साधना अनिवार्य है।

क्रमांक	संस्कृत शब्द	अर्थ
1	ऐं ह्रीं श्रीं अमृतांभोनिध्ये नमः	अमृत का समुद्र
2	ऐं ह्रीं श्रीं रत्नद्विपाय नमः	रत्नों का द्वीप
3	ऐं ह्रीं श्रीं नानावृक्ष महोधानाय नमः	विविध वृक्षों वाला महान उद्यान
4	ऐं ह्रीं श्रीं कल्पवृक्ष वाटिकायै नमः	कल्पवृक्ष का उद्यान
5	ऐं ह्रीं श्रीं संतान वाटिकायै नमः	संतान वृक्ष का उद्यान
6	ऐं ह्रीं श्रीं हरिचन्दन वाटिकायै नमः	हरि चन्दन का उद्यान
7	ऐं ह्रीं श्रीं मन्दार वाटिकायै नमः	मन्दार वृक्षों का उद्यान
8	ऐं ह्रीं श्रीं पारिजात वाटिकायै नमः	पारिजात वृक्षों का उद्यान
9	ऐं ह्रीं श्रीं कदम्ब वाटिकायै नमः	कदम्ब वृक्षों का उद्यान
10	ऐं ह्रीं श्रीं पुष्पराग रत्नप्राकाराय नमः	पुष्पराग रत्नों की दीवार
11	ऐं ह्रीं श्रीं पद्मरागरत्नप्राकाराय नमः	पद्मराग रत्नों का घेरा
12	ऐं ह्रीं श्रीं गोमेद रत्नप्राकाराय नमः	गोमेद रत्नों का घेरा
13	ऐं ह्रीं श्रीं वज्र रत्नप्राकाराय नमः	वज्र रत्नों का घेरा
14	ऐं ह्रीं श्रीं वैडूर्य रत्नप्राकाराय नमः	वैडूर्य रत्नों का घेरा
15	ऐं ह्रीं श्रीं इन्द्रनील रत्नप्राकाराय नमः	इन्द्रनील रत्नों का घेरा
16	ऐं ह्रीं श्रीं मुक्ता रत्नप्राकाराय नमः	मुक्ता रत्नों का घेरा
17	ऐं ह्रीं श्रीं मरकत रत्नप्राकाराय नमः	मरकत रत्नों का घेरा
18	ऐं ह्रीं श्रीं विद्रुम रत्नप्राकाराय नमः	विद्रुम रत्नों का घेरा

19	ऐं ह्रीं श्रीं माणिक्य मण्डपाय नमः	माणिक्य मण्डप
20	ऐं ह्रीं श्रीं सहस्स्तम्भ मण्डपाय नमः	सहस्त्र स्तम्भों वाला मण्डप
21	ऐं ह्रीं श्रीं अमृत वापिकायै नमः	अमृत का जलाशय
22	ऐं ह्रीं श्रीं आनन्द वापिकायै नमः	आनन्द का जलाशय
23	ऐं ह्रीं श्रीं विमर्श वापिकायै नमः	विमर्श का जलाशय
24	ऐं ह्रीं श्रीं बाला तपोद्गाराय नमः	बाला का तपोद्यान
25	ऐं ह्रीं श्रीं चन्द्रिकोद्गाराय नमः	चन्द्रिका उद्यान
26	ऐं ह्रीं श्रीं महाशृङ्गारपरिघायै नमः	महाशृंगार परिघ
27	ऐं ह्रीं श्रीं महापद्माटव्यै नमः	महान कमल वन
28	ऐं ह्रीं श्रीं चिन्तामणि गृहराजाय नमः	चिन्तामणि गृहराज
29	ऐं ह्रीं श्रीं पुर्वाम्नायमय पूर्वद्वाराय नमः	पूर्व आमना पूर्वद्वार
30	ऐं ह्रीं श्रीं दक्षिणाम्नामय दक्षिणद्वाराय नमः	दक्षिण आमना दक्षिणद्वार
31	ऐं ह्रीं श्रीं पश्चिमाम्नामय पश्चिमद्वाराय नमः	पश्चिम आमना पश्चिमद्वार
32	ऐं ह्रीं श्रीं उत्तराम्नामय उत्तरद्वाराय नमः	उत्तर पूर्व आमना उत्तरद्वार
33	ऐं ह्रीं श्रीं रत्नप्रदीपवलयाय नमः	रत्नप्रदीप वलय
34	ऐं ह्रीं श्रीं मणिमय महासिंहासनाय नमः	मणिमय महासिंहासन
35	ऐं ह्रीं श्रीं ब्रह्ममयैकमञ्च्पादाय नमः	ब्रह्मा का आसन
36	ऐं ह्रीं श्रीं विष्णुमयैकमञ्च्पादाय नमः	विष्णु का आसन
37	ऐं ह्रीं श्रीं रुद्रमयैकमञ्च्पादाय नमः	रुद्र का आसन
38	ऐं ह्रीं श्रीं ईश्वरमयैकं मञ्च्पादाय नमः	ईश्वर का आसन
39	ऐं ह्रीं श्रीं सदाशिवमयैकं मञ्चफलकाय नमः	सदाशिव का मंच फलक
40	ऐं ह्रीं श्रीं हंसतूलिका महोपधानाय नमः	हंस तूलिका महोपधान
41	ऐं ह्रीं श्रीं हंसतूलिका तल्पाय नमः	हंस पंखों की शैय्या
42	ऐं ह्रीं श्रीं कौसुम्भास्तर्णाय नमः	कौसुम्भ चादर

43	ऐं ह्रीं श्रीं महावितानकाय नमः	छतरी
44	ऐं ह्रीं श्रीं महामाया यवनिकायै नमः	महामाया का आवरण

दीप पूजा

प्रारम्भ में एक साक्षी दीपक जलाना चाहिए। देवी के दाहिने ओर घी और सफेद बत्ती से दीपक लगाएं, और बाईं ओर तिल और सिंदूर से रंगी लाल सूती बत्ती से दीपक लगाएं।

ऐं ह्रीं श्रीं दीपदेवी महादेवि शुभं भवतु मे सदा।
यावत्पूजा समाप्तिः स्यात् तावत् प्रज्वल सुस्थिरा।।

अर्थ - हे।ज्ञान और बुद्धि रुपिणी देवी।कृपया मुझे ज्ञान और भक्ति का आशीर्वाद दें। जब तक मैं यह यज्ञ, नव आवरण पूजा, सम्पूर्ण ना कर लूँ , तब तक कृपा कर मेरी रक्षा करें कि मैं अविद्या एवं आध्यात्मिक अज्ञान या द्वंद्व से घिर ना जाऊं।

!!! श्री गुरु चरणार्पणमस्तु!!!

पात्र साधन

पात्र का अर्थ है बर्तन और साधन का अर्थ है व्यवस्थित करना। पात्र साधन नव आवरण पूजा का महत्वपूर्ण अंग है। यद्यपि नवावरण पूजा के लिए कई बर्तनों का उपयोग किया जाता है, लेकिन चार बर्तन अर्थात **कारण कलश**, **वर्धनी कलश**, **सामान्य अर्घ्य पात्र** और **विशेष अर्घ्य पात्र** को महत्वपूर्ण माना जाता है।

नवावरण पूजा करने के लिए निम्नलिखित सामग्रियों की आवश्यकता होती है।

- बैठने के लिए आसान
- आचमन पात्र चम्मच के साथ
- फल फूल रखने के लिए पात्र
- नव आवरण पूजा के लिए सभी तैयारी पहले से की जानी चाहिए। एक बार जब साधक बैठ जाता है, तो उसे आसन से उठना नहीं चाहिए।
- प्रत्येक आवरण के अंत में धूप, दीप, नैवैद्य और नीराजन अर्पित करना चाहिए। धूप, दीप और नीराजन करने के लिए आवश्यक सामग्री तैयार रखनी चाहिए।

मंदिर को दिए गए चित्र के अनुसार व्यस्थित करें।

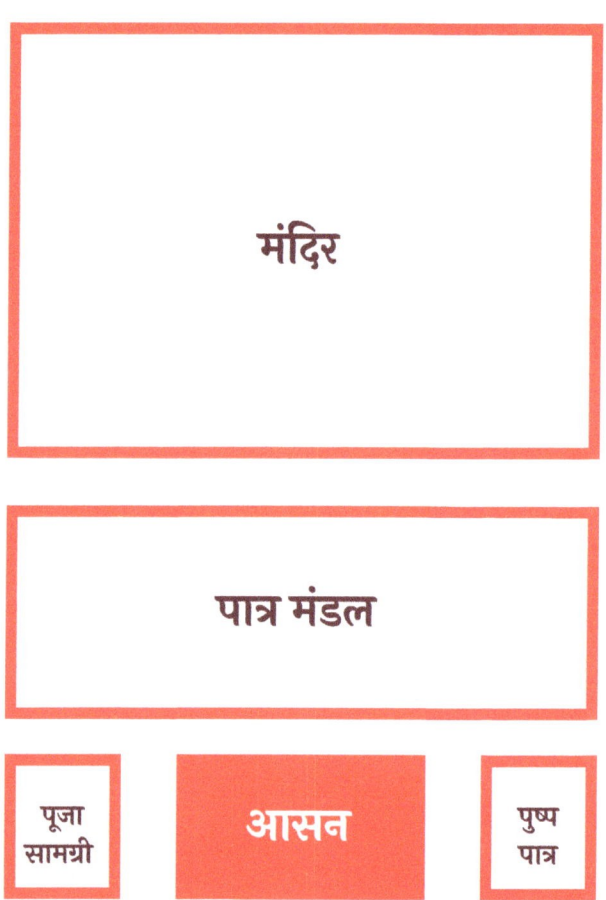

वेदी व्यवस्था

नवावरण पूजा में गणेश, सूर्य, विष्णु, शिव और अधिष्ठात्री देवी श्री माँ ललिता की पूजा शामिल है। नीचे नवावरण पूजा में पूजनीय पांच मुख्य देवताओं के लिए एक वेदी व्यवस्था दी गई है। यदि आपके पास इन देवताओं की तस्वीरें या मूर्तियाँ नहीं हैं, तो आप सुपारी, यंत्र, या हल्दी की गोलियों का उपयोग करके उनकी ऊर्जाओं को आह्वान कर सकते हैं।

पात्र मंडल व्यवस्था

1. पूजा के लिए विभिन्न पात्रों को रखने के लिए एक बड़ी लकड़ी की चौकी या पीढ़ा लें।
2. नीचे पात्र मंडल का चित्र दिया गया है। इस चित्र को सिंदूर के लेप या लाल मार्कर पेन से चित्रित करें।
3. पात्रों को इन चित्रों पर रखा जाएगा, जैसा कि अनुष्ठान में वर्णित है।

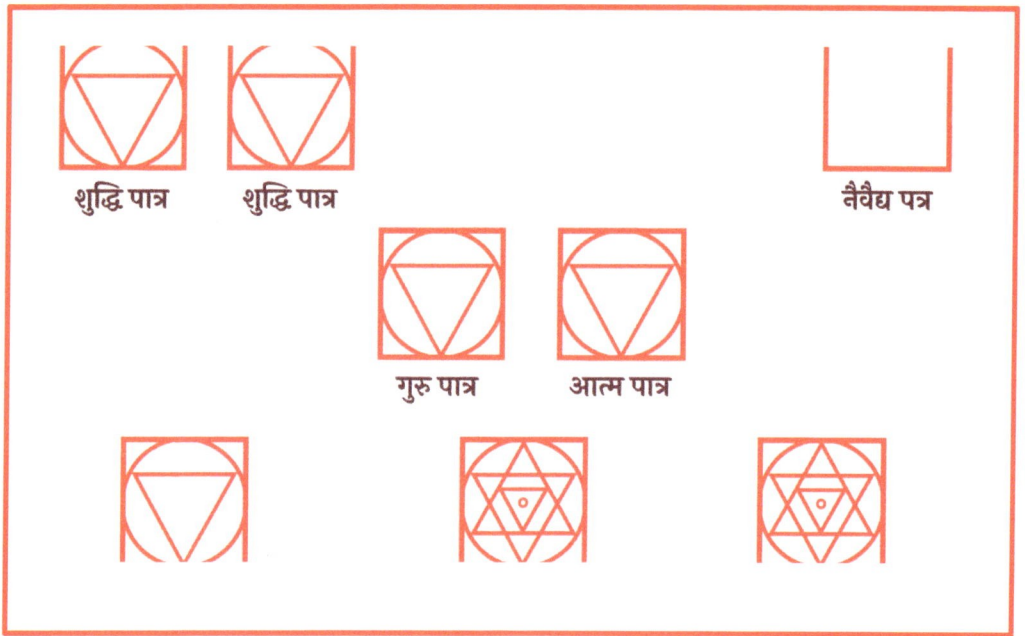

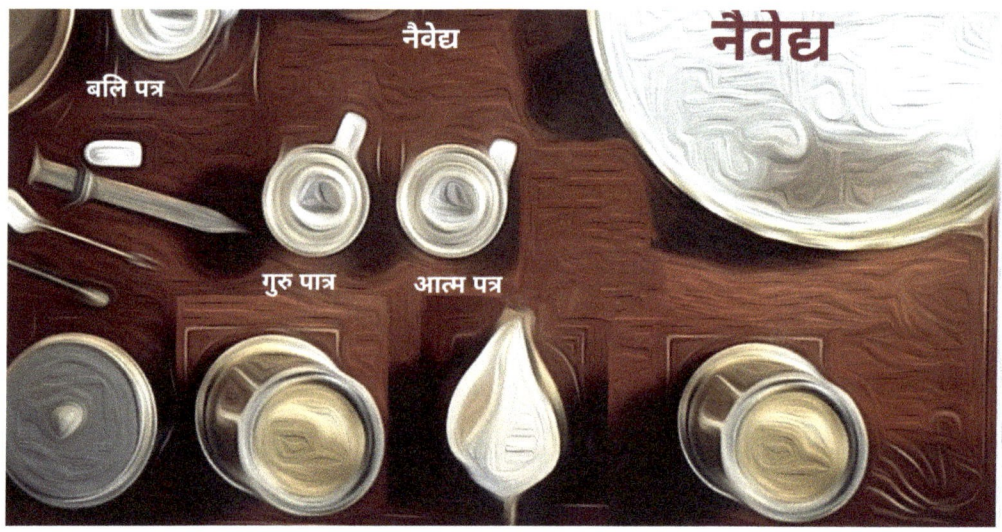

पात्रों का परिचय

1. शुद्ध जल से भरा एक बड़ा बर्तन रखना चाहिए, इसे **कारण कलश** कहते हैं। इसी से **वर्धनी कलश, सामान्य अर्घ्य** और **विशेष अर्घ्य** के लिए जल लेना चाहिए। लोहे और प्लास्टिक के बर्तनों का बिलकुल भी उपयोग नहीं करना चाहिए । इस जल को **चौबीस बार गायत्री मंत्र** पढ़कर शुद्ध करना चाहिए । विशेष अर्घ्य भी इसी से तैयार किया जाता है।
2. वर्धनी कलश के लिए, एक कलश और एक छोटा चम्मच।
3. सामान्य अर्घ्य के लिए, आधार वाला शंख (आदर्श रूप से कछुए के आकार का) आवश्यक है।
4. विशेष अर्घ्य के लिए एक चांदी या स्टील का पंचपात्र, होना चाहिए ताम्बे का नहीं। एक चिमटी की भी आवश्यकता होती है और यह चिमटी चांदी, स्टील या ताम्बे की होनी चाहिए। यह तर्पण करने के लिए होती है।
5. **गुरु पात्र, आत्म पात्र** और अन्य उपासकों को वितरित करने के लिए तीन या उससे अधिक बहुत छोटे चांदी, स्टील या ताम्बे के प्याले।
6. बलि के लिए ताम्बे की थाली। इसे **बलि पात्र** या **शुद्धि पात्र** भी कहते हैं।
7. पात्र और दीपक आदि को सजाने के लिए चन्दन का लेप और कुमकुम आवश्यकता होती है।
8. अक्षत और हल्दी की भी आवशयकता होती है।
9. इनमें से प्रत्येक पात्र को एक आधार पर रखा जाता है। प्रत्येक पात्र में तीन घटक होते हैं -
    1. आधार मंडल
    2. पात्र
    3. पात्र जल

और वे स्थूल पक्ष पर **अग्नि, सूर्य** और **चन्द्रमा** तथा सूक्ष्म पक्ष पर क्रमशः **सुषुम्ना, पिंगला** और **इड़ा** का प्रतिनिधित्व करते हैं।

पंचपात्र और पंचमकार की प्रतीकात्मक सम्बंध

सामान्य अर्घ्य, विशेष अर्घ्य, गुरु पात्र, आत्म पात्र और बलि पात्र पंचमकार का प्रतिनिधित्व करते हैं। ये पांच मकार हैं: **मद्य** (मदिरा), **मांस** (मांस), **मत्स्य** (मछली), **मुद्रा** (हाथ की मुद्रा), और **मैथुन** (संयोग)। इन प्रत्येक तत्वों को पंचभूत या पांच मुख्य तत्वों द्वारा दर्शाया जाता है, यथा: अग्नि, जल, पृथ्वी, वायु, और आकाश।

1. **मद्य (शराब)** - दिव्य प्रेमा भक्ति की मादकता।
2. **मांस** - मांस पिंड रूपी देह और कर्मों का देवी को समर्पण।
3. **मीन (मछली)** - चंचल मन रूपी मीन का देवी को समर्पण और साँसों से अजपा जप करना।
4. **मुद्रा (हस्त मुद्रा/धन)** - समस्त भौतिक संपत्ति और सुखों को देवी को समर्पित करके प्रसाद स्वरुप उनका उपभोग करना।
5. **मैथुन (पवित्र संयोग)** - माँ के साथ एकता का अनुभव।

विशेष अर्घ्य तैयार करना

सामग्री
1. कच्चा दूध
2. नारियल पानी
3. शहद
4. केसर
5. खाने योग्य कर्पूर
6. चीनी
7. बारीक पीसी हुई इलायची, लौंग, और जायफल

विधि
1. बारीक पीसी हुई इलायची, लौंग, और जायफल को दूध, नारियल पानी, और शहद के साथ मिलाएं।
2. मिश्रण में केसर, खाने योग्य कर्पूर, और थोड़ी सी चीनी डालें।
3. मिश्रण का गाढ़ापन दूध से अधिक होना चाहिए।
4. इस विशेष अर्घ्य को बनाकर एक पात्र में रख लें। यही आगे विशेष अर्घ्य पूजा में प्रयोग होगा।

नोट: अगर ये सामग्री उपलब्ध नहीं है, तो आप सिर्फ दूध और शहद/चीनी/ का उपयोग कर सकते हैं।

वर्धनी कलश स्थापना

साधक के बायीं ओर वर्धनी कलश रखा जाता है। दी गयी छवि के अनुसार चन्दन, कुमकुम और हल्दी से बने लेप के साथ यह यंत्र मंडल बनायें। यह वह मंडल है जिस पर आधार और उसके ऊपर कलश रखा जाएगा। अपने सामने बायीं ओर त्रिकोण, वृत्त और चतुर्भुजात्मक मंडल को मत्स्य मुद्रा से अंकित करके - मंडल को मूल मन्त्र से अभिमंत्रित करके, कर्पूर आदि से सुगन्धित जल से भरे हुए कलश को गंध, पुष्प, अक्षत से सजाकर मंडल के ऊपर स्थापित करें। और निम्नलिखित मंत्र का जप करें।

मूल मंत्र का **आठ बार** उच्चारण करके, **धेनुमुद्रा** का प्रदर्शन करते हुए, उस जल से पूजा के उपकरणों और अपने आप को पवित्र करना चाहिए। ललिता की पूजा के समय, जो भी वस्तुएँ यहाँ हैं, वे सभी सुगंधित और पवित्र हो जाएँ।

धेनु मुद्रा

मंत्र

ॐ कलशस्य मुखे विष्णुः कण्ठे रुद्रः समाश्रितः
मूले तत्र स्थितो ब्रह्मा मध्ये मातृगणाः स्मृताः ।।
कुक्षौ तु सागराः सर्वे सप्तद्वीपा वसुन्धरा ।
ऋग्वेदोऽथ यजुर्वेदः सामवेदोऽप्यथर्वणः ।।
अङ्गैश्च सहिताः सर्वे कलशाम्बुसमाश्रिताः ।
गङ्गे च यमुने चैव गोदावरि सरस्वती ।।
नर्मदे सिन्धु कावेरि जलेऽस्मिन्सन्निधिङ्कुरु ।
सर्वे समुद्राः सरितस्तीर्थानि च नदा ह्रदाः ।।
आयान्तु देवीपूजार्थं दुरितक्षयकारकाः ।

अर्थ - ॐ कलश के मुख पर भगवान विष्णु, कंठ में रुद्र, और आधार में ब्रह्मा निवास करते हैं। मध्य में मातृगणों का स्मरण होता है। कलश के उदर में सम्पूर्ण समुद्र और सातों द्वीपों सहित पृथ्वी स्थित है। ऋग्वेद, यजुर्वेद, सामवेद और अथर्ववेद अपने सम्पूर्ण अंगों सहित कलश के जल में विलीन हैं। हे गंगा, यमुना, गोदावरी, सरस्वती, नर्मदा, सिंधु और कावेरी, इस जल में अपना वास करो। सभी समुद्र, नदियाँ, तीर्थस्थान और सरोवर देवी पूजा के लिए आएँ और समस्त पापों का नाश करें।

- नीचे दिए गए **सामान्य अर्घ्य** और **विशेष अर्घ्य** की पूजन प्रक्रिया में, जो लोग दीक्षित नहीं हैं, उन्हें केवल ***ह्रीं श्रीं"*** और न्यास मंत्र का उपयोग करना चाहिए। उदाहरण के लिए ***(ऐं ह्रीं श्रीं हृदयाय नमः) "हृदय श*** ***श्रीपादुकां पूजयामि*** नमः"।
- दीक्षित लोगों को इस प्रक्रिया को अपने गुरु से समझना चाहिए। वे **बाला** अथवा **पंचदशी**, अथवा **षोड** **मंत्र** से करें (जिसकी भी दीक्षा उन्हे मिली है)।

सामान्य अर्घ्य पात्र स्थापना और पजन विधि

सामान्य अर्घ्य पूजा में चार भाग होते हैं।

1. **मंडल** - जिसमें एक वर्ग, तीन त्रिकोण और एक बिंदु होता है।
2. **सामान्य अर्घ्य पात्र का आधार** - शंख का आधार जो कछुए के आकार का होता है। (या एक छोटी प्लेट)
3. **सामान्य अर्घ्य पात्र - शंख (या आचमन पात्र)**
4. **शंख के भीतर** - का जल ।

आधार को अग्नि, अर्घ्य पात्र को सूर्य और अर्घ्य को चंद्र मंडल माना जाता है।

सामान्य अर्घ्य मंडल पूजा

1. साधक को पूर्व दिशा की ओर मुख करके बैठना चाहिए।

2. वर्धिनी कलश के अंदर के जल के द्वारा मंडल (जैसा चित्र में दिया गया है) पर मत्स्य मुद्रा से वर्धिनी कलश के दाईं ओर पुनः मंडल का अंकन करें।

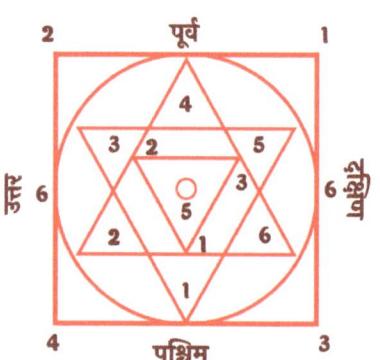

3. निम्नलिखित **बाला षडंग** मंत्र का उच्चारण करते हुए बाहरी चौकोर पर चित्र में चिह्नित स्थानों के क्रम में अक्षत से अर्चना करें।
   1. (ऐं ह्रीं श्रीं) ऐं हृदयाय नमः । हृदयशक्ति श्रीपादुकां पूजयामि नमः
   2. (ऐं ह्रीं श्रीं) क्लीं शिरसे स्वाहा । शिरः शक्ति श्रीपादुकां पूजयामि नमः
   3. (ऐं ह्रीं श्रीं) सौः शिखायै वषट् । शिखाशक्ति श्रीपादुकां पूजयामि नमः
   4. (ऐं ह्रीं श्रीं) ऐं कवचाय हुं । कवचशक्ति श्रीपादुकां पूजयामि नमः
   5. (ऐं ह्रीं श्रीं) क्लीं नेत्रत्रयाय वौषट्। नेत्रशक्ति श्रीपादुकां पूजयामि नमः
   6. (ऐं ह्रीं श्रीं) सौः अस्त्राय फट् । अस्त्रशक्ति श्रीपादुकां पूजयामि नमः

4. षट्कोण में, पहले कोण से प्रारम्भ करके, दाएं घुमते हुए आगे बढ़ें और अक्षत से अर्चना करें। ।
   1. (ऐं ह्रीं श्रीं) ऐं (क - 5) हृदयाय नमः, हृदय शक्ति श्रीपादुकां पूजयामि नमः
   2. (ऐं ह्रीं श्रीं) क्लीं (ह - 6) शिरसे स्वाहा शिरः शक्ति श्रीपादुकां पूजयामि नमः
   3. (ऐं ह्रीं श्रीं) सौः (स - 4) शिखायै वषट् शिखा शक्ति श्रीपादुकां पूजयामि नमः
   4. (ऐं ह्रीं श्रीं) ऐं (क - 5) कवचाय हुं, कवच शक्ति श्रीपादुकां पूजयामि नमः
   5. (ऐं ह्रीं श्रीं) क्लीं (ह - 6) नेत्रत्रयाय वौषट् नेत्र शक्ति श्रीपादुकां पूजयामि नमः

6. (ऐं ह्रीं श्रीं) सौः (स - 4) अस्त्राय फट् अस्त्र शक्ति श्रीपादुकां पूजयामि नमः

5. त्रिकोण में, पहले कोण से प्रारम्भ करके , दाएं घुमते हुए आगे बढ़ें ।
   1. (ऐं ह्रीं श्रीं) ऐं (क - 5) नमः
   2. (ऐं ह्रीं श्रीं) क्लीं (ह - 6) नमः
   3. (ऐं ह्रीं श्रीं) सौः (स - 4) नमः
   4. (ऐं ह्रीं श्रीं) मूलं नमः (बिन्दौ)

नोट - (मूलं) वह मूल मंत्र है जो साधक को श्री विद्या दीक्षा के दौरान प्राप्त होता है। यह **बाला, पंचदशी** या **षोडशी** हो सकता है। अगर आपको इनमें से कोई मंत्र नहीं मिला है, तो आप सिर्फ "**ऐं ह्रीं श्रीं**" का जाप कर सकते हैं।

सामान्य अर्घ्य आधार स्थापना और अग्नि मंडल पूजन

1. "***ऐं ह्रीं श्रीं अस्त्राय फट्***" का उच्चारण करते हुए वर्धिनी कलश के जल से **आधार** का प्रोक्षण करें।
2. निम्न मंत्र का उच्चारण करते हुए **मंडल के ऊपर सामान्य अर्घ्य पात्र** का **आधार** स्थापित करें।
   (ऐं ह्रीं श्रीं) अं अग्निमण्डलाय धर्मप्रददशकलात्मने श्रीमहात्रिपुरसुन्दर्याः सामान्यार्घ्यपात्राधाराय नमः
   अर्थ - *सामान्य अर्घ्य पात्र के आधार को नमन जो धर्म प्रदान करने वाला और अग्नि मंडल के दश कलाओं का स्वरूप है, हे श्री महात्रिपुरसुंदरी के अग्नि मंडल को नमन।*

3. निम्न मंत्र मंत्र का उच्चारण करते हुए **आधार में अग्नि देवता** का आवाहन करें।
   (ऐं ह्रीं श्रीं) अग्नि दूतं वृणीमहे होतारं विश्ववेदसं अस्य यज्ञस्य सुकृतं ऐं ह्रीं श्रीं रां रीं रुं रैं रौं रः रमलवरयुं अग्निमण्डलाय नमः
   अर्थ - *हे अग्नि दूत, मैं आपका आह्वान करता हूँ, जो सभी वेदों को जानने वाले और इस यज्ञ के सुकृत हैं, और अग्नि मंडल को नमन करता हूँ।*

4. निम्नलिखित मंत्रों के माध्यम से अग्नि की पूजा करें और ध्यान में अग्निमण्डल के दस कलाओं का विभावन (स्मरण) करते हुए आधार को पुष्प अर्पित करें ।

(ऐं ह्रीं श्रीं) यं धूम्रर्चिष्कलायै नमः	*(ऐं ह्रीं श्रीं) षं सुश्री कलायै नमः*
(ऐं ह्रीं श्रीं) रं उष्मा कलायै नमः	*(ऐं ह्रीं श्रीं) सं सुरूपा कलायै नमः*
(ऐं ह्रीं श्रीं) लं ज्वलिनी कलायै नमः	*(ऐं ह्रीं श्रीं) हं कपिला कलायै नमः*

(ऐं ह्रीं श्रीं) वं ज्वालिनी कलायै नमः	*(ऐं ह्रीं श्रीं) ळं हव्यवाहिनी कलायै नमः*
(ऐं ह्रीं श्रीं) शं विस्फुलिङ्गिनी कलायै नमः	*(ऐं ह्रीं श्रीं) क्षं कव्यवाहिनी कलायै नमः*

सामान्य अर्घ्य पात्र स्थापना और सूर्य मंडल पूजन

1. "***ऐं ह्रीं श्रीं अस्त्राय फट्***" मंत्र का उच्चारण करते हुए **शंख** का वर्धनी कलश के जल से प्रोक्षण करें।

2. इसके बाद, निम्न मंत्र का उच्चारण करते हुए **आधार के ऊपर शंख** को स्थापित करें।
   (ऐं ह्रीं श्रीं) उं सूर्यमण्डलायार्थप्रदद्वादशकलात्मने श्रीमहात्रिपुरसुन्दर्याः सामान्यार्घ्यपात्राय नमः
   अर्थ - *सामान्य अर्घ्य पात्र को नमन, जो अर्थ प्रदान करने वाला और सूर्य मंडल की बारह कलाओं का स्वरूप है, हे श्री महात्रिपुरसुंदरी के सूर्य मंडल को नमन।*

3. इसके बाद निम्न मंत्र को उच्चारण करते हुए शंख में सूर्य देवता का आवाहन करें।
   (ऐं ह्रीं श्रीं) आ कृष्णेन रजसा वर्तमानो निवेशयन्नमृतं मर्त्यं च हिरण्ययेन सविता रथेना देवो याति भुवनानि पश्यन्। हां हिं हुं हैं हौं हः हमलवरयूम् सूर्यमण्डलाय नमः
   अर्थ - *सूर्य (सविता), अपने स्वर्ण रथ में सवार होकर लोकों की यात्रा करते हैं और सबको देखते हैं। कृष्ण वर्ण के रज से व्याप्त होकर, वह अमर और नश्वर दोनों को एक सूत्र में बाँध देते है, उन्हें अपने तेज से आच्छादित कर देते है।*

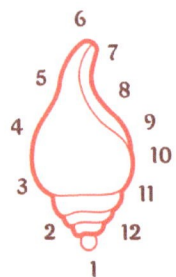

4. निम्नलिखित मंत्रों के माध्यम से **सूर्य की पूजा** करें और ध्यान में **सूर्यमण्डल के 12 कलाओं** का विभावन (स्मरण) करते हुए शंख को दिए गए चित्र के अनुसार क्रम में पुष्प अर्पित करने की भावना करें ।

(ऐं ह्रीं श्रीं) कं भं तपिनि कलायै नमः	*(ऐं ह्रीं श्रीं) छं दं सुषुम्ना कलायै नमः*
(ऐं ह्रीं श्रीं) खं बं तापिनि कलायै नमः	*(ऐं ह्रीं श्रीं) जं थं भोगदा कलायै नमः*
(ऐं ह्रीं श्रीं) गं फं धूम्रा कलायै नमः	*(ऐं ह्रीं श्रीं) झं तं विश्वा कलायै नमः*
(ऐं ह्रीं श्रीं) घं पं मरीचि कलायै नमः	*(ऐं ह्रीं श्रीं) जं णं बोधिनी कलायै नमः*
(ऐं ह्रीं श्रीं) ङं नं ज्वालिनि कलायै नमः	*(ऐं ह्रीं श्रीं) टं ढं धारिणी कलायै नमः*
(ऐं ह्रीं श्रीं) चं धं रुचि कलायै नमः	*(ऐं ह्रीं श्रीं) ठं डं क्षमा कलायै नमः*

सामान्य अर्घ्य पात्र जल में सोम मंडल पूजन

1. **वर्धनी कलश** से कुछ जल की बूंदे **शंख में डालें** और कुछ बुंदे **विशेषार्घ्य** (दूध - शहद मिश्रण) भी डालें।

2. अब निम्नलिखित मंत्र पढ़ें।
   (ऐं ह्रीं श्रीं) मं सोममण्डलाय कामप्रद षोडश कलात्मने श्रीमहात्रिपुरसुन्दर्याः सामान्यार्घ्यामृताय नमः
   अर्थ *- सामान्य अर्घ्य अमृत को नमन जो कामनाओं को पूरा करने वाला और षोडश कलाओं का स्वरूप है, हे श्री महात्रिपुरसुंदरी के सोम मंडल को नमन।*

3. निम्नलिखित मंत्र उच्चारण करते हुए सोम मंडल के सोलह कलाओं का आवाहन करें।
   (ऐं ह्रीं श्रीं) आप्यायस्व समेतु ते विश्वतः सोमवृष्णियं भवावाजस्य सङ्गथे । सांसीं सूं सैं सौं सः समलवरयूं सोममण्डलाय नमः
   अर्थ *- हे सोम देव, आप सभी ओर से प्रसन्नता और समृद्धि लाएँ, और सभी प्राणियों को संगठित करें। सोम मंडल को मेरा नमन।*

4. निम्नलिखित मंत्रों के माध्यम से **सोम देव की पूजा करें** और ध्यान में सोममण्डल की 16 कलाओं का विभावन (स्मरण) करते हुए शंख को पुष्प अर्पित करें।

(ऐं ह्रीं श्रीं) अं अमृता कलायै नमः	***(ऐं ह्रीं श्रीं) लृं चन्द्रिका कलायै नमः***
(ऐं ह्रीं श्रीं) आं मानदा कलायै नमः	***(ऐं ह्रीं श्रीं) लॄं कान्ति कलायै नमः***
(ऐं ह्रीं श्रीं) इं पूषा कलायै नमः	***(ऐं ह्रीं श्रीं) एं ज्योत्स्ना कलायै नमः***
(ऐं ह्रीं श्रीं) ईं तुष्टि कलायै नमः	***(ऐं ह्रीं श्रीं) ऐं श्री कलायै नमः***
(ऐं ह्रीं श्रीं) उं पुष्टि कलायै नमः	***(ऐं ह्रीं श्रीं) ओं प्रीति कलायै नमः***
(ऐं ह्रीं श्रीं) ऊं रति कलायै नमः	***(ऐं ह्रीं श्रीं) औं अङ्गदा कलायै नमः***
(ऐं ह्रीं श्रीं) ऋं धृति कलायै नमः	***(ऐं ह्रीं श्रीं) अं पूर्णा कलायै नमः***
(ऐं ह्रीं श्रीं) ॠं शशिनी कलायै नमः	***(ऐं ह्रीं श्रीं) अः पूर्णामृता कलायै नमः***

5. शंख के जल में दिए गए चित्र की भावना करें और **बाला षडंग** मंत्र का पुनः उच्चारण करें।

   1. (ऐं ह्रीं श्रीं) ऐं हृदयाय नमः। हृदय शक्ति श्रीपादुकां पूजयामि नमः
   2. (ऐं ह्रीं श्रीं) क्लीं शिरसे स्वाहा। शिरः शक्ति श्रीपादुकां पूजयामि नमः
   3. (ऐं ह्रीं श्रीं) सौः शिखायै वषट्। शिखा शक्ति श्रीपादुकां पूजयामि नमः
   4. (ऐं ह्रीं श्रीं) ऐं कवचाय हुं। कवच शक्ति श्रीपादुकां पूजयामि नमः
   5. (ऐं ह्रीं श्रीं) क्लीं नेत्रत्रयाय वौषट्। नेत्र शक्ति श्रीपादुकां पूजयामि नमः
   6. (ऐं ह्रीं श्रीं) सौः अस्त्राय फट् । अस्त्र शक्ति श्रीपादुकां पूजयामि नमः

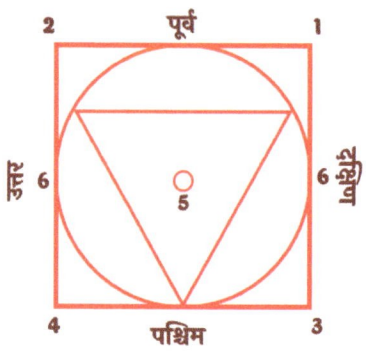

6. ***"अस्त्राय फट्"*** - मंत्र उच्चारण करें और अपने सिर के ऊपर चुटकी बजा कर रक्षा करें।
7. ***"कवचाय हुम्"*** - **अवगुंठन मुद्रा** दिखाएं (चित्र देखें)।
8. **धेनु मुद्रा, योनि मुद्रा** दिखाएं।
9. सात बार **मूल मन्त्र** पढ़े शंख को बिना हिलाये उसके जल से पुष्प द्वारा सभी पूजा सामग्री और स्वयं का प्रोक्षण करें। थोड़ा जल वर्धनी पत्र में डालें।

सामान्य अर्घ्य पूजन यहां पूर्ण हुआ।

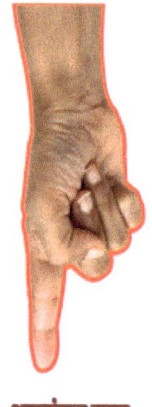

अवगुंठन मुद्रा

- आगे की विधि में शंख के जल से प्रोक्षण होगा।
- शंख को उसके आधार से उठाए नहीं। छोटी चम्मच का उपयोग करके शंख से जल निकालें।
- या वैकल्पिक रूप से सामान्य अर्घ्य पात्र से कुछ जल की बूंदे को वर्धनी कलश में डाल दें। और वर्धनी कलश के जल का उपर आगे की पूजा के लिए करें, क्योंकि छोटी चम्मच के साथ शंख से जल निकालना कठिन होता है।

विशेष अर्घ्य पात्र स्थापना और पूजन विधि

विशेष अर्घ्य पूजा में चार भाग होते हैं।

1. **मंडल** - जिसमें एक वर्ग, तीन त्रिकोण और एक बिंदु होता है।
2. **विशेष अर्घ्य पात्र का आधार** - छोटी प्लेट
3. **विशेष अर्घ्य पात्र** - आचमन पात्र
4. **विशेष अर्घ्य पात्र के भीतर** - का जल ।

आधार को अग्नि, अर्घ्य पात्र को सूर्य और अर्घ्य को चंद्र मंडल माना जाता है।

विशेष अर्घ्य मंडल पूजन

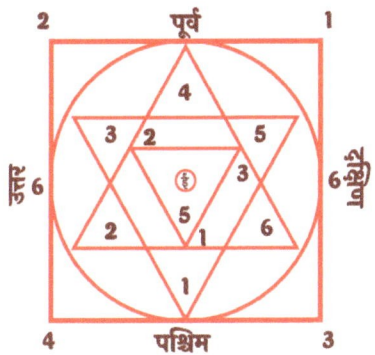

1. सामान्य अर्घ्य पात्र से जल द्वारा मंडल (जैसा चित्र में दिया गया है) पर मत्स्य मुद्रा से सामान्य अर्घ्य पात्र के दाईं ओर पुनः मंडल का अंकन करें।
2. तथा आंतरिक बिंदु पर **"ई"** लिखें।
3. बाहरी चौकोर पर चित्र में चिह्नित स्थानों के क्रम में अक्षत से अर्चना करें।

   1. (ऐं ह्रीं श्रीं) ऐं (क - 5) हृदयाय नमः, हृदय शक्ति श्रीपादुकां पूजयामि नमः

   2. (ऐं ह्रीं श्रीं) क्लीं (ह - 6) शिरसे स्वाहा शिरः शक्ति श्रीपादुकां पूजयामि नमः

   3. (ऐं ह्रीं श्रीं) सौः (स - 4) शिखायै वषट् शिखा शक्ति श्रीपादुकां पूजयामि नमः

   4. (ऐं ह्रीं श्रीं) ऐं (क - 5) कवचाय हुं, कवच शक्ति श्रीपादुकां पूजयामि नमः

   5. (ऐं ह्रीं श्रीं) क्लीं (ह - 6) नेत्रत्रयाय वौषट् नेत्र शक्ति श्रीपादुकां पूजयामि नमः

   6. (ऐं ह्रीं श्रीं) सौः (स - 4) अस्त्राय फट् अस्त्र शक्ति श्रीपादुकां पूजयामि नमः

4. षट्कोण पर चित्र में अंकित स्थान के क्रम से अक्षत से अर्चन करें।

   1. (ऐं ह्रीं श्रीं) ऐं (क - 5) हृदयाय नमः, हृदय शक्ति श्रीपादुकां पूजयामि नमः

   2. (ऐं ह्रीं श्रीं) क्लीं (ह - 6) शिरसे स्वाहा शिरः शक्ति श्रीपादुकां पूजयामि नमः

   3. (ऐं ह्रीं श्रीं) सौः (स - 4) शिखायै वषट् शिखा शक्ति श्रीपादुकां पूजयामि नमः

   4. (ऐं ह्रीं श्रीं) ऐं (क - 5) कवचाय हुं, कवच शक्ति श्रीपादुकां पूजयामि नमः

   5. (ऐं ह्रीं श्रीं) क्लीं (ह - 6) नेत्रत्रयाय वौषट् नेत्र शक्ति श्रीपादुकां पूजयामि नमः

   6. (ऐं ह्रीं श्रीं) सौः (स - 4) अस्त्राय फट् अस्त्र शक्ति श्रीपादुकां पूजयामि नमः

5. त्रिकोण पर चित्र में अंकित स्थान के क्रमानुसार अक्षत से अर्चन करें।

   1. (ऐं ह्रीं श्रीं) ऐं (क - 5) नमः

   2. (ऐं ह्रीं श्रीं) क्लीं (ह - 6)नमः

   3. (ऐं ह्रीं श्रीं) सौः (स - 4) नमः

   4. (ऐं ह्रीं श्रीं) मूलं नमः (बिन्दौ)

विशेष अर्घ्य आधार स्थापना और अग्नि मंडल पूजन

1. "***ऐं ह्रीं श्रीं अस्त्राय फट्***" का तीन बार उच्चारण करते हुए सामान्य अर्घ्य जल से **विशेष अर्घ्य पात्र के आधार** का प्रोक्षण करें।

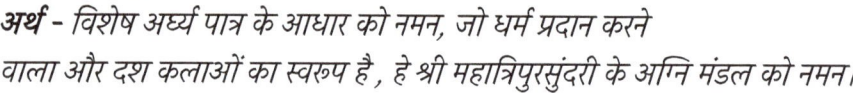

2. निम्न मंत्र का उच्चारण करते हुए **आधार** को **विशेष मंडल के ऊपर** स्थापित करें।
(ऐं ह्रीं श्रीं) ऐं (क - 5) अं अग्निमण्डलाय धर्मप्रददश कलात्मने श्रीमहात्रिपुरसुन्दर्याः विशेषार्घ्यपात्र आधाराय नमः
अर्थ - *विशेष अर्घ्य पात्र के आधार को नमन, जो धर्म प्रदान करने वाला और दश कलाओं का स्वरूप है , हे श्री महात्रिपुरसुंदरी के अग्नि मंडल को नमन।*

3. निम्न मंत्र का उच्चारण करते हुए **आधार में अग्नि देवता** का आवाहन करें।
ऐं ह्रीं श्रीं अग्निं दूतं वृणीमहे होतारं विश्ववेदसं अस्य यज्ञस्य सुक्रतुम् ऐं ह्रीं श्रीं रां रीं रूं रैं रौं रः रमलवरयूं अग्निमण्डलाय नमः।

4. निम्नलिखित मंत्रों के माध्यम से अग्नि की पूजा करें और ध्यान में अग्निमण्डल के दस कलाओं का विभावन (स्मरण) करते हुए आधार को पुष्प अर्पित करें ।

(ऐं ह्रीं श्रीं) यं धूम्रर्चिष्कलायै नमः	***(ऐं ह्रीं श्रीं) षं सुश्री कलायै नमः***
(ऐं ह्रीं श्रीं) रं उष्मा कलायै नमः	***(ऐं ह्रीं श्रीं) सं सुरूपा कलायै नमः***
(ऐं ह्रीं श्रीं) लं ज्वलिनी कलायै नमः	***(ऐं ह्रीं श्रीं) हं कपिला कलायै नमः***
(ऐं ह्रीं श्रीं) वं ज्वालिनी कलायै नमः	***(ऐं ह्रीं श्रीं) ळं हव्यवाहिनी कलायै नमः***
(ऐं ह्रीं श्रीं) शं विस्फुलिङ्गिनी कलायै नमः	***(ऐं ह्रीं श्रीं) क्षं कव्यवाहिनी कलायै नमः***

विशेषार्घ्य पात्र स्थापना और सूर्य मंडल पूजन

1. "***ऐं ह्रीं श्रीं अस्त्राय फट्***" का उच्चारण करते हुए सामान्य अर्घ्य जल से **विशेषार्घ्य पात्र** का प्रोक्षण करें।

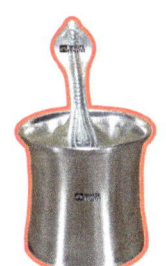

2. निम्न मंत्र का उच्चारण करते हुए **विशेषार्घ्य पात्र** को **आधार के ऊपर** स्थापित करें।
(ऐं ह्रीं श्रीं) क्लीं (ह - 6) उं सूर्यमण्डलाय अर्थप्रद द्वादश कलात्मने श्रीमहात्रिपुरसुन्दर्याः विशेषार्घ्यपात्राय नमः
अर्थ - *विशेषार्घ्य पात्र को नमन, जो अर्थ प्रदान करने वाला और सूर्य मंडल की बारह कलाओं का स्वरूप है, हे श्री महात्रिपुरसुंदरी के सूर्य मंडल को नमन।*

3. निम्न मंत्र का उच्चारण करते हुए **विशेषार्घ्य पात्र पर पुष्पाजंलि** अर्पित करें।
(ऐं ह्रीं श्रीं) ह्रीं ऐं महालक्ष्मीश्वरि परमस्वामिनि ऊर्ध्वशून्य प्रवाहिनि सोम सूर्याग्नि भक्षिणि परमाकाश भासुरे आगच्छागच्छ विश विश पात्रं प्रतिगृह्ण प्रतिगृह्ण हुं फट् स्वाहा।
अर्थ - *परम स्वामिनी, जो ऊर्ध्व शून्य से प्रवाहित होती हैं, सोम, सूर्य और अग्नि का भक्षण करने वाली, परम आकाश में प्रकाशमान, आ जाओ, आ जाओ, पात्र को स्वीकार करो, स्वीकार करो।*

4. निम्न मंत्र का उच्चारण करते हुए **विशेषार्घ्य पात्र में सूर्य देवता** का आवाहन करें।
(ऐं ह्रीं श्रीं) आ कृष्णेन रजसा वर्तमानो निवेशयन्नमृतं मर्त्यं च हिरण्ययेन सविता रथेना देवो याति भुवनानि पश्यन्। हां हिं हुं हैं हौं हः हमलवरयूम् सूर्यमण्डलाय नमः
अर्थ - *सूर्य (सविता), अपने स्वर्ण रथ में सवार होकर लोकों की यात्रा करते हैं और सबको देखते हैं। कृष्ण वर्ण के रज से व्याप्त होकर, वह अमर और नश्वर दोनों को एक सूत्र में बाँध देते है, उन्हें अपने तेज से आच्छादित कर देते है।*

5. निम्नलिखित मंत्रों के माध्यम से **सूर्य की पूजा** करें और **सूर्यमण्डल के 12 कलाओं** की भावना करते हुए **विशेषार्घ्य पात्र में अक्षत से** पूजन करें।

(ऐं ह्रीं श्रीं) कं भं तपिनी कलायै नमः	*(ऐं ह्रीं श्रीं) छं दं सुषुम्ना कलायै नमः*
(ऐं ह्रीं श्रीं) खं बं तापिनी कलायै नमः	*(ऐं ह्रीं श्रीं) जं थं भोगदा कलायै नमः*
(ऐं ह्रीं श्रीं) गं फं धूम्रा कलायै नमः	*(ऐं ह्रीं श्रीं) झं तं विश्वा कलायै नमः*
(ऐं ह्रीं श्रीं) घं पं मरीचि कलायै नमः	*(ऐं ह्रीं श्रीं) ञं णं बोधिनी कलायै नमः*

(ऐं ह्रीं श्रीं) ङ नं ज्वालिनी कलायै नमः	*(ऐं ह्रीं श्रीं) टं ढं धारिणी कलायै नमः*
(ऐं ह्रीं श्रीं) चं धं रुचि कलायै नमः	*(ऐं ह्रीं श्रीं) ठं डं क्षमा कलायै नमः*

विशेषार्घ्य पात्र के जल में सोम मंडल पूजन

1. अब इस पात्र को पहले से ही तैयार किए गए एक चम्मच **विशेष अर्घ्य** से भरे और निम्नलिखित मंत्र का जप करें।

    (ऐं ह्रीं श्रीं) सौः (स-4) मं सोममण्डलाय कामप्रद षोडशकलात्मने श्रीमहात्रिपुरसुन्दर्याः विशेष अर्घ्यमृताय नमः

    अर्थ - *विशेष अर्घ्य अमृत को नमन जो कामनाओं को पूरा करने वाला और षोडश कलाओं का स्वरूप है, हे श्री महात्रिपुरसुंदरी के सोम मंडल को नमन।*

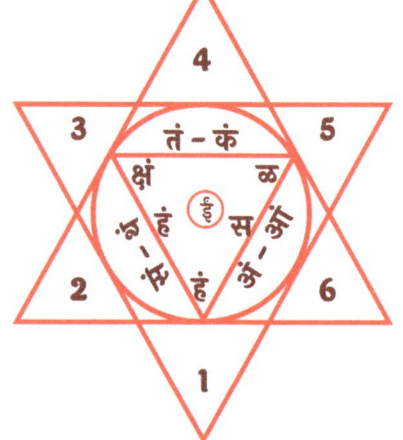

2. अब **छिली हुई अदरक** का एक टुकड़ा लें और उसे बाएं हाथ में पकड़ें।
3. अब दाएं हाथ में **कारण कलश** लें और **विशेष अर्घ्य पात्र** में धीरे-धीरे **अदरक के ऊपर** से उसे भिगोते हुए **विशेष अर्घ्य पात्र को जल** से पूरित करें और दिए गए चित्र की भावना करें।
4. ऐसा करते समय, हमें संस्कृत के सभी अक्षरों को पहले नियमित तरीके से और फिर उल्टे तरीके से मन ही मन बोलना है। यानी पहले हमें **'अ'** से शुरू करके **'क्ष'** पर समाप्त करना है और फिर **'क्ष'** से शुरू करके **'अ'** पर समाप्त करना है।

    संस्कृत के इक्यावन अक्षर इस प्रकार हैं:

    a. अं आं इं ईं उं ऊं ऋं ॠं लृं ॡं एं ऐं ओं औं अं अः
    b. कं खं गं घं ङं
    c. चं छं जं झं ञं
    d. टं ठं डं ढं णं
    e. तं थं दं धं नं
    f. पं फं बं भं मं
    g. यं रं लं वं शं षं सं हं ळं क्षं

5. उपरोक्त प्रक्रिया को उल्टे क्रम में दोहराएं।
6. निम्नलिखित मंत्र का उच्चारण करते हुए सोम मंडल के सोलह कलाओं का आवाहन करें।

(ऐं ह्रीं श्रीं) आप्यायस्व समेतु ते विश्वतः सोमवृष्णियम् भवावाजस्य सङ्गथे। सांसीं सूं सैं सौं सः समलवरयूं सोममण्डलाय नमः

7. विशेष अर्घ्य पात्र में सोम मंडल की **16 कलाओं** की भावना करें और निम्नलिखित से पूजन करें। जिससे **विशेष अर्घ्य अमृत** बन जाता है। यह महत्वपूर्ण है कि **अर्चन वामावर्त तरीके** से किया जाए।

(ऐं ह्रीं श्रीं) अं अमृता कलायै नमः	*(ऐं ह्रीं श्रीं) लृं चन्द्रिका कलायै नमः*
(ऐं ह्रीं श्रीं) आं मानदा कलायै नमः	*(ऐं ह्रीं श्रीं) लॄं कान्ति कलायै नमः*
(ऐं ह्रीं श्रीं) इं पूषा कलायै नमः	*(ऐं ह्रीं श्रीं) एं ज्योत्स्ना कलायै नमः*
(ऐं ह्रीं श्रीं) ईं तुष्टि कलायै नमः	*(ऐं ह्रीं श्रीं) ऐं श्री कलायै नमः*
(ऐं ह्रीं श्रीं) उं पुष्टि कलायै नमः	*(ऐं ह्रीं श्रीं) ओं प्रीति कलायै नमः*
(ऐं ह्रीं श्रीं) ऊं रति कलायै नमः	*(ऐं ह्रीं श्रीं) औं अङ्गदा कलायै नमः*
(ऐं ह्रीं श्रीं) ऋं धृति कलायै नमः	*(ऐं ह्रीं श्रीं) अं पूर्णा कलायै नमः*
(ऐं ह्रीं श्रीं) ॠं शशिनी कलायै नमः	*(ऐं ह्रीं श्रीं) अः पूर्णामृता कलायै नमः*

8. विशेष अर्घ्य में कुछ बूदें शहद मिलाएं और निम्नलिखित **मृत्युंजय मंत्र** का आठ बार जप करें।
   (ऐं ह्रीं श्रीं) ॐ जुं सः स्वाहा

9. नीचे दिखाए अनुसार **विशेष अर्घ्य पात्र के अंदर अमृत** पर एक बिंदु सहित उल्टे त्रिभुज की भावना करें।

10. अब हमें त्रिभुज के तीनों कोनों पर बिन्दु **(जैसे अं आं)** के साथ **51 अक्षर** लिखने हैं जैसा कि नीचे विस्तार से बताया गया है। दर्वी का उपयोग करके अक्षर लिखे जा सकते हैं जैसा कि पिछले भाग में बताया गया है।

- *1 - 2: अ आ इ ई उ ऋ ॠ ऌ ॡ ए ऐ ओ औ अं अः (16)*
- *2 - 3: क ख ग घ ङ च छ ज झ ञ ट ठ ड ढ ण त (16)*
- *3 -1: थ द ध न प फ ब भ म य र ल व श ष स (16)*
- *4 - हं ;*
- *5 – ळं;*
- *6 – क्षं*
- *(51 अक्षर यहीं समाप्त होते हैं);*
- *7 - ईं (कामकला);*
- *8 – हं*
- *9- सः । (51 अक्षर आने पर 7, 8, 9 की गणना नहीं की जाती है)।*

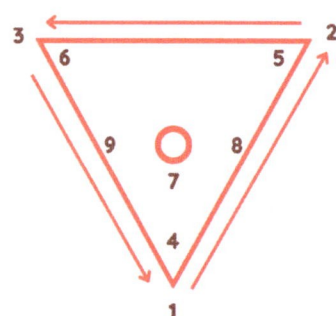

पंचदशी दीक्षित लोगों को नीचे उल्लेखित **पंचदशी मंत्र** लिखना होगा।(बाला मंत्र **दीक्षित लोगों** को नीचे दिए गए प्रक्रिया के लिए बाला मंत्र का उपयोग करना होगा।)

- बिंदु पर (क्रमांक - 7) : ***(ऐं ह्रीं श्रीं) क ए ई ल ह्रीं । ह स क ह ल ह्रीं। स क ल ह्रीं नमः।।***
- **क्रमांक 1 से 2** - के बीच - ***(ऐं ह्रीं श्रीं) क ए ई ल ह्रीं नमः।***
- **क्रमांक 2 से 3** - के बीच - (***ऐं ह्रीं श्रीं)ह स क ह ल ह्रीं नमः।***
- **क्रमांक 3 से 1** - के बीच - ***स क ल ह्रीं नमः।***

11. **(केवल पंचदशी के लिए)** - अब इस त्रिकोण के चारों ओर **एक वृत्त की** और फिर **एक षट्कोण** की भावना करें जैसा नीचे दिखाया गया है। आंतरिक त्रिकोण की पूजा पहले से ही हो चुकी है। निचले बाहरी त्रिकोण से शुरू करके, चिन्हित अंको की दिशा में, हमें पंचदशी मंत्र के साथ पूजा करनी है। अगर किसी को लिखना मुश्किल लगे, तो वह ध्यान कर सकता है।जिन्हे पंचदशी की दीक्षा नहीं मिली है वो त्रितारी **(ऐं ह्रीं श्रीं)** से पूजन करें।
    1. ***(ऐं ह्रीं श्रीं) क ए ई ल ह्रीं हृदयाय नमः। हृदयशक्ति श्रीपादुकां पूजयामि नमः***
    2. ***(ऐं ह्रीं श्रीं) ह स क ह ल ह्रीं शिरसे स्वाहा। शिरःशक्ति श्रीपादुकां पूजयामि नमः***
    3. ***(ऐं ह्रीं श्रीं) स क ल ह्रीं शिखायै वषट्। शिखाशक्ति श्रीपादुकां पूजयामि नमः***
    4. ***(ऐं ह्रीं श्रीं) क ए ई ल ह्रीं कवचाय हूं। कवचशक्ति श्रीपादुकां पूजयामि नमः***
    5. ***(ऐं ह्रीं श्रीं) ह स क ह ल ह्रीं नेत्रत्रयाय वौषट्। नेत्रशक्ति श्रीपादुकां पूजयामि नमः***

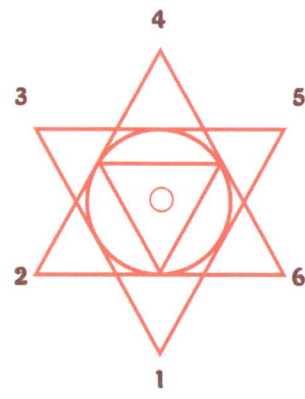

6. (ऐं ह्रीं श्रीं) स क ल ह्रीं अस्त्राय फट्। अस्त्रशक्ति श्रीपादुकां पूजयामि नमः

सुधा देवी पूजा

1. **विशेष अर्घ्य** पात्र में स्थित अमृत की अधिष्ठात्री **सुधा देवी** हैं। **बाला, पंचदशी मंत्र** के माध्यम से उनका प्राकट्य होता है। सुधा देवी एक हाथ में **अमृत से भरा कलश** धारण करती हैं, जो **मोक्ष** का प्रतीक है, और दूसरे हाथ में वे एक **मछली धारण** करती हैं, जो **भौतिक संसार** का प्रतीक मानी जाती है। ये दोनों ही सुख प्रदान करते हैं, किंतु भौतिक सुख क्षणिक होते हैं, जबकि मोक्ष ही शाश्वत आनंद का वास्तविक स्रोत है।

2. सुधा देवी की स्तुति में निम्नलिखित मंत्र का पाठ करें।
(ऐं ह्रीं श्रीं) 'मूलं' तां चिन्मयीं आनन्दलक्षणां अमृतकलशपिसितहस्तद्वयां प्रसन्नां देवीं पूजयामि नमः स्वाहा
अर्थ - मैं उस प्रकाशमयी देवी सुधा देवी की पूजा करता हूँ, जो शुद्ध चेतना और आनंद का स्वरुप हैं, और जिनके दो हाथों में अमृत कलश और मछली हैं। उन सबकी जड़, सुधा देवी को प्रणाम, स्वाहा।

3. अब हमें अपने सात चक्रों में **सुधा देवी** का आह्वान करना है - मूलाधार से लेकर सहस्रार के ठीक नीचे तक। (यह ध्यान विधि - अनिवार्य नहीं हैं)
1. (ऐं ह्रीं श्रीं) मूलं पृथ्वी तत्त्वम् आवाहयामि नमः (मूलाधार चक्र पर चिंतन)
2. (ऐं ह्रीं श्रीं) मूलं आपः तत्त्वम् आवाहयामि नमः (स्वाधिष्ठान चक्र पर चिंतन)
3. (ऐं ह्रीं श्रीं)मूलं तेजः तत्त्वम् आवाहयामि नमः (मणिपूर चक्र पर चिंतन)
4. (ऐं ह्रीं श्रीं) मूलं वायु तत्त्वम् आवाहयामि नमः (अनाहत चक्र पर चिंतन)
5. (ऐं ह्रीं श्रीं) मूलं आकाशः तत्त्वम् आवाहयामि नमः (विशुद्धि चक्र पर चिंतन)
6. (ऐं ह्रीं श्रीं)मूलं मनस् तत्त्वम् आवाहयामि नमः (आज्ञा चक्र पर चिंतन)
7. (ऐं ह्रीं श्रीं) मूलं उन्मनम् तत्त्वम् आवाहयामि नमः (मानस चक्र पर चिंतन। यह आज्ञा चक्र के ठीक ऊपर है।)

4. उपरोक्त श्लोक का पाठ करने के बाद चमच्च में विशेष अर्घ्य पात्र से अमृत लें। अब निम्न मंत्र बोलकर उत्तरणी को सिर के ऊपर उठाएँ। निम्नलिखित प्रत्येक मंत्र का एक उद्देश्य है
(ऐं ह्रीं श्रीं) वषट्.

5. निम्नलिखित मंत्र का उच्चारण करके, अमृत को विशेष अर्घ्य पात्र में डालें।
(ऐं ह्रीं श्रीं) स्वाहा
6. इस मंत्र बोलकर **अवगुंठन** मुद्रा विशेष अर्घ्य पात्र दिखाएँ।

(ऐं ह्रीं श्रीं) हुं

7. इस मंत्र बोलकर धेनु मुद्रा विशेष अर्घ्य पात्र को दिखाएँ और विशेष अर्घ्य का अमृतिकरण करें।
(ऐं ह्रीं श्रीं) वौषट्

8. अब, इस मंत्र बोलकर अस्त्र मुद्रा विशेष अर्घ्य पात्र दिखाकर संरक्षण करें।
(ऐं ह्रीं श्रीं) फट्

9. अब निम्नलिखित मंत्र बोलते हुए विशेष अर्घ्य पात्र पर पुष्प अर्पित करें।
(ऐं ह्रीं श्रीं) नमः

गालिनी मुद्रा

10. अब मूलमंत्र का उच्चारण करते हुए विशेष अर्घ्य पात्र को देखें, **गालिनी** मुद्रा प्रदर्शित करें
(ऐं ह्रीं श्रीं) मूलमंत्र

11. उपरोक्त मंत्र को सात बार उच्चारित करें और योनि मुद्रा के साथ विशेष अर्घ्य पात्र में दीप, धूप, फूल आदि के साथ मानसिक रूप से सुधा देवी की पूजा करें।
(ऐं ह्रीं श्रीं) ऐं

12. अब विशेष अर्घ्य पात्र से कुछ बूँदें अभिषिक्त जल लें और सभी पूजा सामग्री पर छिड़कें। मूल मंत्र को सोलह बार उच्चारित करें।
(ऐं ह्रीं श्रीं) मूलमंत्र

विशेष अर्घ्य पूजन यहां पूर्ण हुआ।

शुद्धि संस्कार - बलि पात्र स्थापना

विशेष अर्घ्य पात्र के दाईं ओर **मत्स्य मुद्रा** का उपयोग करके **वर्धनी कलश** के पानी से निम्न मंडल बनाएं।

शुद्धि पात्र स्थापना - निम्न मंत्र का उच्चारण करते हुए, मंडल पर एक छोटी प्लेट रखें।

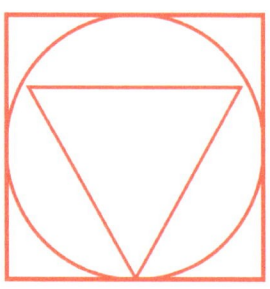

नोट - कुछ परंपराओं में हर मंत्र से पहले (ऐं ह्रीं श्रीं) जोड़ा जाता है, लेकिन यह वैकल्पिक है।

1. ***(ऐं ह्रीं श्रीं) ॐ ह्रीं ह्रौं नमः शिवाय***

   इस प्लेट पर अदरक के टुकड़े रखें। इन्हें यहाँ शुद्धिकरण के उद्देश्य से रखा गया है। अब इस स्थान को दाहिने हाथ से स्पर्श करके, निम्नलिखित मंत्र पढ़ें

2. ***(ऐं ह्रीं श्रीं) ॐ श्लीं पशु हुं फट्*** *(इस मंत्र का आठ बार उच्चारण करें।)*
3. ***(ऐं ह्रीं श्रीं) ॐ ह्रीं ह्रौं नमः शिवाय***

1. ***(ऐं ह्रीं श्रीं) सद्योजातं प्रपद्यामि सद्योजाताय वै नमो नमः। भवे भवे नातिभवे भवस्व मां भवोद्भवाय नमः***
2. ***(ऐं ह्रीं श्रीं) वामदेवाय नमो ज्येष्ठाय नमः श्रेष्ठाय नमो रुद्राय नमः, कालाय नमः कलविकरणाय नमो बलविकरणाय नमो बलाय नमो बलप्रमथनाय नमः सर्वभूतदमनाय नमो मनोन्मनाय नमः***
3. ***(ऐं ह्रीं श्रीं) अघोरेभ्योऽथ घोरेभ्यो घोरघोरतरेभ्यः सर्वेभ्यः सर्वशर्वेभ्यो नमस्ते अस्तु रुद्ररूपेभ्यः***
4. ***(ऐं ह्रीं श्रीं) तत्पुरुषाय विद्महे महादेवाय धीमहि तन्नो रुद्रः प्रचोदयात्***
5. ***(ऐं ह्रीं श्रीं) ईशानः सर्वविद्यानाम ईश्वरः सर्वभूतानां ब्रह्माधिपतिः ब्रह्मणोधिपतिः ब्रह्मा शिवो मे अस्तु सदाशिवोम्***

सोंठ, अक्षत और पुष्प चढ़ाएं।

शुद्धि संस्कार यहां पूर्ण हुआ।

गुरु पात्र और आत्म पात्र स्थापना

1. विशेष अर्घ्य की दाहिने ओर और शुद्धि पात्र के नीचे दो मंडल बनाये

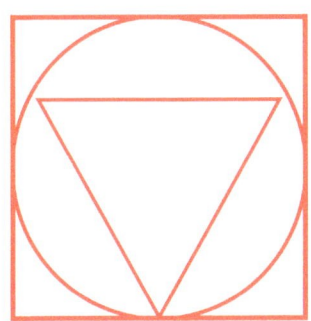

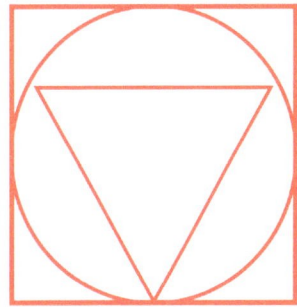

2. इस मंत्र से गुरु मंडल की पूजा करें और एक गुरुपात्र रखें।

   (ऐं ह्रीं श्रीं) हंसश्शिवस्सोहं, सोहं हंसश्शिवः, हंसश्शिवस्सोहं हंसः हस्ख्फ्रें हसक्षमलवरयूं नमः ।

3. इस मंत्र द्वारा द्वितीय मंडल की पूजा करें। और आत्मा पत्र स्थापित करें।
   (ऐं ह्रीं श्रीं) हंसः नमः

4. विशेष अर्घ्य को निम्नलिखित **94 कलाओं** से अभिमंत्रित किया जाएगा। इन कलाओं के साथ अभिमंत्रण हमारे मन, बुद्धि, चेतना और अहंकार (अंतःकरण) को पूरी तरह से शुद्ध करने के लिए किया जाता है।अभिमंत्रण के उद्देश्य से दाहिने हाथ से विशेष अर्घ्य पात्र को स्पर्श करें। वैकल्पिक रूप से आप उसके अंदर रखी चमच्च को भी स्पर्श कर सकते हैं। ऐसा करते समय विशेष अर्घ्य पात्र को हिलाना नहीं चाहिए। 94 कलाएं नीचे दी गई हैं।
   - **अग्नि मंडल - 10; सूर्य मंडल - 12; सोम मंडल - 16; ब्रह्मा मंडल - 10; विष्णु मंडल – 10; रूद्र मंडल - 10; ईश्वर मंडल – 4; सदाशिव मंडल - 16; अश्विनी कुमार 2; त्वष्टा, प्रजापति, सिनीवली, और सरस्वती**

बह्निकला

(ऐं ह्रीं श्रीं) यं धूम्रर्चिष्कलायै नमः	*(ऐं ह्रीं श्रीं) षं सुश्री कलायै नमः*
(ऐं ह्रीं श्रीं) रं उष्मा कलायै नमः	*(ऐं ह्रीं श्रीं) सं सुरूपा कलायै नमः*
(ऐं ह्रीं श्रीं) लं ज्वलिनी कलायै नमः	*(ऐं ह्रीं श्रीं) हं कपिला कलायै नमः*
(ऐं ह्रीं श्रीं) पं ज्वालिनी कलायै नमः	*(ऐं ह्रीं श्रीं) ळं हव्यवाहिनी कलायै नमः*
(ऐं ह्रीं श्रीं) शं विस्फुलिङ्गिनी कलायै नमः	*(ऐं ह्रीं श्रीं) क्षं कव्यवाहिनी कलायै नमः*

सूर्यकला

(ऐं ह्रीं श्रीं) कं भं तपिनि कलायै नमः	*(ऐं ह्रीं श्रीं) छं दं सुषुम्ना कलायै नमः*
(ऐं ह्रीं श्रीं) खं बं तापिनि कलायै नमः	*(ऐं ह्रीं श्रीं) जं थं भोगदा कलायै नमः*
(ऐं ह्रीं श्रीं) गं फं धूम्रा कलायै नमः	*(ऐं ह्रीं श्रीं) झं तं विश्वा कलायै नमः*
(ऐं ह्रीं श्रीं) घं पं मरीचि कलायै नमः	*(ऐं ह्रीं श्रीं) जं णं बोधिनी कलायै नमः*
(ऐं ह्रीं श्रीं) डं नं ज्वालिनि कलायै नमः	*(ऐं ह्रीं श्रीं) टं ढं धारिणी कलायै नमः*

(ऐं ह्रीं श्रीं) चं धं रुचि कलायै नमः	*(ऐं ह्रीं श्रीं) ठं डं क्षमा कलायै नमः*

सोमकला

(ऐं ह्रीं श्रीं) अं अमृता कलायै नमः	*(ऐं ह्रीं श्रीं) लृं चन्द्रिका कलायै नमः*
(ऐं ह्रीं श्रीं) आं मानदा कलायै नमः	*(ऐं ह्रीं श्रीं) लॄं कान्ति कलायै नमः*
(ऐं ह्रीं श्रीं) इं पूषा कलायै नमः	*(ऐं ह्रीं श्रीं) एं ज्योत्स्ना कलायै नमः*
(ऐं ह्रीं श्रीं) ईं तुष्टि कलायै नमः	*(ऐं ह्रीं श्रीं) ऐं श्री कलायै नमः*
(ऐं ह्रीं श्रीं) उं पुष्टि कलायै नमः	*(ऐं ह्रीं श्रीं) ओं प्रीति कलायै नमः*
(ऐं ह्रीं श्रीं) ऊं रति कलायै नमः	*(ऐं ह्रीं श्रीं) औं अङ्गदा कलायै नमः*
(ऐं ह्रीं श्रीं) ऋं धृति कलायै नमः	*(ऐं ह्रीं श्रीं) अं पूर्णा कलायै नमः*
(ऐं ह्रीं श्रीं) ॠं शशिनी कलायै नमः	*(ऐं ह्रीं श्रीं) अः पूर्णामृता कलायै नमः*

ब्रह्मकला

(ऐं ह्रीं श्रीं) कं सृष्ट्यै नमः	*(ऐं ह्रीं श्रीं) चं लक्ष्म्यै नमः*
(ऐं ह्रीं श्रीं) खं ऋद्ध्यै नमः	*(ऐं ह्रीं श्रीं) छं द्युत्यै नमः*
(ऐं ह्रीं श्रीं) गं स्मृत्यै नमः	*(ऐं ह्रीं श्रीं) जं स्थिरायै नमः*
(ऐं ह्रीं श्रीं) घं मेधायै नमः	*(ऐं ह्रीं श्रीं) झं स्थित्यै नमः*
(ऐं ह्रीं श्रीं) ङं कान्त्यै नमः	*(ऐं ह्रीं श्रीं) ञं सिद्ध्यै नमः*

विष्णुकला

(ऐं ह्रीं श्रीं) टं जरायै नमः	*(ऐं ह्रीं श्रीं) तं कामिकायै नमः*
(ऐं ह्रीं श्रीं) ठं पालिन्यै नमः	*(ऐं ह्रीं श्रीं) थं वरदायै नमः*
(ऐं ह्रीं श्रीं) डं शान्त्यै नमः	*(ऐं ह्रीं श्रीं) दं ह्लादिन्यै नमः*
(ऐं ह्रीं श्रीं) ढं ईश्वर्यै नमः	*(ऐं ह्रीं श्रीं) धं प्रीत्यै नमः*
(ऐं ह्रीं श्रीं) णं रत्यै नमः	*(ऐं ह्रीं श्रीं) नं दीर्घायै नमः*

रुद्रकला

(ऐं ह्रीं श्रीं) पं तीक्ष्णायै नमः	(ऐं ह्रीं श्रीं) यं क्षुधायै नमः
(ऐं ह्रीं श्रीं) फं रौद्रयै नमः	(ऐं ह्रीं श्रीं) रं क्रोधिन्यै नमः
(ऐं ह्रीं श्रीं) बं भयायै नमः	(ऐं ह्रीं श्रीं) लं क्रियायै नमः
(ऐं ह्रीं श्रीं) भं निद्रायै नमः	(ऐं ह्रीं श्रीं) वं उद्रायैं नमः
(ऐं ह्रीं श्रीं) मं तन्द्रायै नमः	(ऐं ह्रीं श्रीं) शं मृत्यवे नमः

ईशरकला

(ऐं ह्रीं श्रीं) षं पीतायै नमः	(ऐं ह्रीं श्रीं) हं अरुणायै नमः
(ऐं ह्रीं श्रीं) सं श्वेतायै नमः	(ऐं ह्रीं श्रीं) क्षं असितायै नमः

सदाशिवकला

(ऐं ह्रीं श्रीं) अं निवृत्यै नमः	(ऐं ह्रीं श्रीं) लृं परायै नमः
(ऐं ह्रीं श्रीं) आं प्रतिष्ठायै नमः	(ऐं ह्रीं श्रीं) लॄं सूक्ष्मायै नमः
(ऐं ह्रीं श्रीं) इं विद्यायै नमः	(ऐं ह्रीं श्रीं) एं सूक्ष्मामृतायै नमः
(ऐं ह्रीं श्रीं) ईं शान्त्यै नमः	(ऐं ह्रीं श्रीं) ऐं ज्ञानायै नमः
(ऐं ह्रीं श्रीं) उं इन्धिकायै नमः	(ऐं ह्रीं श्रीं) ओं ज्ञानामृतायै नमः ।
(ऐं ह्रीं श्रीं) ऊं दीपिकायै नमः	(ऐं ह्रीं श्रीं) औं आप्यायिन्यै नमः ।
(ऐं ह्रीं श्रीं) ऋं रेचिकायै नमः	(ऐं ह्रीं श्रीं) अं व्यापिन्यै नमः ।
(ऐं ह्रीं श्रीं) ॠं मोचिकायै नमः	(ऐं ह्रीं श्रीं) अः व्योमरुपायै नमः ।

विष्णुर्योनिं कल्पयतु त्वष्टा रुपाणि पिंशतु ।
आसिञ्चतु प्रजापतिर्धाता गर्भं दधातु ते ॥
गर्भं धेहि सिनीवालि गर्भं धेहि सरस्वति ।
गर्भं ते अश्विनौ देवावाधत्तां पुष्करस्रजा ॥ नमः ॥

अर्थ - हे विष्णु, गर्भ का सृजन करें, और हे त्वष्टा, रूपों को आकार दें। हे प्रजापति, अपना आशीर्वाद बरसाएं, और हे धाता, गर्भ को आपके अंदर स्थापित करें। हे सिनीवाली और सरस्वती, गर्भ को स्थापित करें। हे अश्विनीकुमार, कमल की सार से गर्भ का पोषण करें।

अब निम्नलिखित मंत्र का जाप करें

1. ***(ऐं ह्रीं श्रीं) 'मूलं' नमः ॥***
2. ***(ऐं ह्रीं श्रीं) अखण्डैकरसानन्दकरे परसुधात्मनि / स्वच्छन्द स्फुरणामत्र निधेहि कुलनायिके । नमः ॥***
   अर्थ - *कुलेश्वरी को प्रणाम, जो वंश की अधिष्ठात्री देवी हैं, अविभाजित आनंदमय सत्ता का स्वरूप हैं, परम शुद्ध आत्मा हैं, और स्वतंत्र, स्वाभाविक प्रकाश का प्रसार करती हैं।*

3. ***(ऐं ह्रीं श्रीं) अकुलस्थामृताकारे शुद्धज्ञानकरे परे ।अमृतत्वं निधेह्यस्मिन् वस्तुनि क्लिन्नरूपिणि ।। नमः ॥***
   अर्थ - *हे कुलनायिका! जो अखंड, एकरस और आनंद देने वाली हैं, जो परम शुद्ध आत्मा में स्थित हैं, कृपा करके यहाँ स्वतः उस चेतना की स्फुरणा करें।*

4. ***(ऐं ह्रीं श्रीं) तद्रूपिण्यैकरस्यत्वं कृत्वा ह्येतत्स्वरूपिणि । भूत्वा परामृताकारा मयि चित्स्फुरणं कुरु ।। नमः ॥***
   अर्थ - *हे स्वरूपिणि! उस परम तत्व के साथ एकरूप होकर, उसके स्वरूप को अपनाकर, स्वयं परम अमृत स्वरूप बनकर मेरे भीतर चैतन्य (चित्) का स्फुरण करें।*

5. ***(ऐं ह्रीं श्रीं) ऐं ब्लूं झ्रौं जूं सः अमृते अमृतोद्भवे अमृतेश्वरि अमृतवर्षिणि अमृतं स्रावय स्रावय स्वाहा ॥नमः॥***
   अर्थ - *हे अमृतस्वरूपिणी! हे अमृत की उत्पत्ति करने वाली! हे अमृतेश्वरी! हे अमृतवर्षिणी!*
   मुझ पर अमृत की वर्षा करो, वर्षा करो!

6. ***(ऐं ह्रीं श्रीं) ऐं वद वद वाग्वादिनि ऐं क्लीं क्लिन्ने क्लेदिनि क्लेदय क्लेदय महाक्षोभं कुरु कुरु क्लीं सौः मोक्षं कुरु कुरु ह्सौः स्हौः नमः ।।***
   अर्थ - *हे वाग्वादिनी! मुझे दिव्य वाणी प्रदान करो! हे क्लिन्ने! संपूर्ण सृष्टि को रससिक्त करो, स्पंदित करो! आध्यात्मिक जागरण उत्पन्न करो! मुझे मोक्ष प्रदान करो! आपको प्रणाम।*

7. इस प्रकर **विशेष अर्घ्य पात्र** से **विशेष अर्घ्य** लेकर गुरु पात्र में भरे। यदि श्रीगुरु साक्षात उपस्थित हों तो उन्हें विशेष अर्घ्य के साथ गुरु पात्र अर्पित करें। वह विशेष अर्घ्य का उपभोग कर गुरु पात्र में ही एक छोटा सा हिस्सा छोड़ देंगे । इसे **गुरु प्रसाद (गुरु उच्छिष्ट)** के रूप में जाना जाता है।

8. **गुरु से गुरु पात्र** वापस लेने के बाद, साधक को गुरु प्रसाद को अपने **आत्म पात्र** में स्थानांतरित करना चाहिए। यदि श्रीगुरु व्यक्तिगत रूप से उपस्थित नहीं हैं, तो गुरु पात्र को **सहस्रार** पर रखकर, उनकी **पादुका का सहस्रार** पर ध्यान करना चाहिए। **गुरु पादुका मंत्र** का पाठ करने के बाद, इस **विशेष अर्घ्य** को **आत्म पात्र** पर स्थानांतरित करें। यदि गुरु इस यज्ञ के दौरान व्यक्तिगत रूप से उपस्थित नहीं हैं, तो केवल विशेष अर्घ्य की थोड़ी मात्रा गुरु पात्र में स्थानांतरित की जानी चाहिए; अब गुरु पात्र को धोकर उसके स्थान पर (**विशेष अर्घ्य** के बगल में) रख दें या इसे पूजा मंडल से हटाकर सुरक्षित रूप से धोकर रख लें।
9. आत्मा पात्र को अपने दाहिने हाथ में लें, और पात्र के निचले हिस्से को अपने अंगूठे, मध्यमा और अनामिका उंगली से सहारा दें। पात्र को पकड़े हुए निम्न मंत्रों का उच्चारण करें।

(ऐं ह्रीं श्रीं) कुण्डलिनी अधिष्ठित चिदग्नि मण्डलाय नमः

विशेष अर्घ्य अर्पण की प्रक्रिया

अब अपने आत्म पात्र में विशेष अर्घ्य डालें। इस पात्र को दाहिने हाथ में लें और अंगूठे, मध्यमा और अनामिका उंगलियों का उपयोग करके इसके निचले हिस्से को पकड़ें। इसके बाद, पात्र को स्थिर रखते हुए निम्नलिखित मंत्रों का जाप करें।

(ऐं ह्रीं श्रीं) (मूलं) पुण्यं जुहोमि स्वाहा	***(ऐं ह्रीं श्रीं) (मूलं) सङ्कल्पं जुहोमि स्वाहा***
(ऐं ह्रीं श्रीं) (मूलं) पापं जुहोमि स्वाहा	***(ऐं ह्रीं श्रीं) (मूलं) विकल्पं जुहोमि स्वाहा***
(ऐं ह्रीं श्रीं) (मूलं) कृत्यं जुहोमि स्वाहा	***(ऐं ह्रीं श्रीं) (मूलं) धर्मं जुहोमि स्वाहा***
(ऐं ह्रीं श्रीं) (मूलं) अकृत्यं जुहोमि स्वाहा	***(ऐं ह्रीं श्रीं) (मूलं) अधर्मं जुहोमि स्वाहा***

अब कल्पना करें कि आत्म पात्र में रखा यह विशेष अर्घ्य, मूलाधार चक्र में दैदीप्यमान कुंडलिनी रूपी अग्नि को समर्पित एक आहुति है। यह प्रक्रिया हमारे सम्पूर्ण अस्तित्व को अर्पित करने का प्रतीक है—जिसमें मन, बुद्धि, चित्त, अहंकार, संचित कर्म (अच्छे और बुरे), विचार (शुभ और अशुभ), सद्गुण और अवगुण सभी सम्मिलित हैं।

हम अपने प्राण, सभी शरीरों (स्थूल, सूक्ष्म और कारण), चेतना के तीनों अवस्थाओं (जाग्रत, स्वप्न और सुषुप्ति), अतीत और वर्तमान—सब कुछ इस आहुति के रूप में अर्पित करते हैं। विशेष रूप से, अतीत और वर्तमान में उत्पन्न नकारात्मक विचार प्रक्रियाओं को आत्म पात्र में अर्घ्य के रूप में कुंडलिनी की अग्नि में समर्पित करते हैं।

इसका गूढ़ अर्थ यह है कि भविष्य में कोई भी बुरा विचार या अनुचित कर्म अर्जित न किया जाए। यह आहुति केवल भौतिक शरीर की शुद्धि के लिए नहीं, बल्कि अंतःकरण के पूर्ण परिशोधन के लिए है, जिससे साधक की चेतना निर्मल और दिव्य प्रकाश से आलोकित हो सके।

1. ***(ऐं ह्रीं श्रीं) (मूलं) अधर्मं जुहोमि वौषट्***
2. ***(ऐं ह्रीं श्रीं) इतः पूर्वं प्राणबुद्धिदेहधर्माधिकारतः जाग्रत्स्वप्नसुषुप्त्यवस्थासु मनसा वाचा कर्मणा***
3. ***हस्ताभ्यां पद्भ्यामुदरेण शिश्ना यत्स्मृतं यदुक्तं यत्कृतं तत्सर्वं ब्रह्मार्पणं भवतु स्वाहा*** - इस प्रकार पूर्णाहूति की भावना करें।
4. ***(ऐं ह्रीं श्रीं) आर्द्रं ज्वलति ज्योतिरहमस्मि ज्योतिर्ज्वलति ब्रह्माहमस्मि । सोऽहमस्मि ब्रह्माहमस्मि अहमस्मि ब्रह्माहमस्मि । अहमेवाहं मां जुहोमि स्वाहा ।***

पूजा समाप्ति के बाद की प्रक्रिया

पूजा पूर्ण होने पर, विशेष अर्घ्य को अपनी **चेतना की आंतरिक अग्नि** को अर्पित करने की भावना करें और फिर इस विशेष अर्घ्य को प्रसाद रूप में ग्रहण करें।**आत्म पात्र** को शुद्ध जल से धोकर अपनी निर्धारित स्थान पर रखें।विशेष अर्घ्य की कुछ बूंदें **वर्धनी कलश** में अर्पित करें। इसी प्रकार **सामान्य अर्घ्य** में भी कुछ बूंदें शंख के माध्यम से अर्पित करें। इसी जल से बाद में श्रीयंत्र की पूजा में तर्पण किया जाएगा।

महत्वपूर्ण निर्देश

एक बार **न्यास (ऊर्जा प्रतिष्ठा की प्रक्रिया)** संपन्न हो जाने के बाद, अपनी आसन को न छोड़ें। यदि अत्यंत आवश्यक हो तो गुरु की अनुमति प्राप्त करें। यदि गुरु उपस्थित नहीं हैं और आपको अनिवार्य रूप से उठना ही पड़े तो वापिस बैठने पर पुनः गुरु, गणपति, और भैरव का स्मरण करें फिर **नवावरण पूजा** को पुनः आरंभ करें।

!!! श्री गुरु चरणार्पणमस्तु!!!

श्रीयंत्र संक्षिप्त परिचय

समस्त यंत्रों में सर्वश्रेष्ठ श्रीयंत्र को **श्रीचक्र** के नाम से भी जाना जाता है। एक अत्यंत पवित्र और गूढ़ आरेख है। प्राचीन हिंदू ग्रंथों में इसका उल्लेख देवी की के सर्वोच्च पूजा साधन के रूप में किया गया है। श्रीयंत्र त्रिकोणों, वृत्तों और पंखुड़ियों के विशिष्ट संयोजन से बनता है ब्रह्मांड की सभी दिव्य शक्तियों का समावेश करता है।

संस्कृत में 'श्री' शब्द का अर्थ है 'शुभ' या 'पवित्र', जबकि 'यंत्र' का अर्थ है 'बंधन से मुक्ति पाने का साधन'। श्रीयंत्र का उपयोग ध्यान, प्रार्थना और पूजन में किया जाता है, और इसे शारीरिक और भावनात्मक स्वास्थ्य, धन की प्राप्ति, सम्बन्धों में सद्भाव और आध्यात्मिक प्रगति के लिए अत्यंत प्रभावी माना जाता है। श्रीयंत्र के हर एक तत्व का विशेष अर्थ और उद्देश्य होता है। इसका केंद्र बिंदु, सृष्टि की उत्पत्ति का प्रतीक है। ऊपर की ओर इंगित करने वाले **चार त्रिकोण शिव** का प्रतिनिधित्व करते हैं, जबकि नीचे की ओर इंगित करने वाले **पांच त्रिकोण शक्ति** का प्रतीक हैं। ये नौ परस्पर जुड़े हुए त्रिकोण ब्रह्मांड की समग्रता और परस्पर संबंध को दर्शाते हैं। श्रीयंत्र की पूजा और ध्यान के माध्यम से व्यक्ति को आत्मिक शांति, जीवन में सफलता की प्राप्ति होती है।

श्रीचक्र नवावरण - श्रीचक्र के नवावरण (नौ आवरण) श्रीयंत्र के भीतर स्थित नौ विशिष्ट स्तर हैं। प्रत्येक आवरण का विशेष अर्थ, महत्व और **योगिनियाँ** हैं।

1. **त्रैलोक्य मोहन चक्र (भूपुर)** - यह बाहरी आवरण है जिसमें तीन रेखाएँ होती हैं। इसका अर्थ है, 'तीनों लोकों को मोहित करने वाला'। यह सुरक्षा और स्थिरता का प्रदान करता है।
1. **सर्व आशापरिपूरक चक्र** - इसमें सोलह पंखुड़ियाँ होती हैं। यह आवरण सभी इच्छाओं को पूर्ण करने वाला है। इसका संबंध इंद्रिय संतुष्टि से है।
2. **सर्व संक्षोभण चक्र** - इसमें आठ पंखुड़ियाँ होती हैं। यह आवरण आंतरिक शुद्धि, आत्म-चेतना और मानसिक शांति का प्रदाता है।
3. **सर्व सौभाग्यदायक चक्र** - इसमें चौदह त्रिकोण होते हैं। यह आवरण सौभाग्य, समृद्धि, और देवी की कृपा प्रदान करता है।
4. **सर्व अर्थसाधक चक्र** - इसमें दस त्रिकोण होते हैं। यह आवरण सभी मनोकामनाओं को पूर्ण करने वाला, मानसिक और आत्मिक शक्तियों को जागृत करता है।

5. **सर्व रक्षाकर चक्र** - इसमें दस छोटे त्रिकोण होते हैं। यह आवरण सभी प्रकार की नकारात्मक शक्तियों से संरक्षण प्रदान करता है।
6. **सर्व रोगहर चक्र** - इसमें आठ त्रिकोण होते हैं। यह आवरण शारीरिक और मानसिक स्वास्थ्य को सुधारने में सहायक है।
7. **सर्व सिद्धिप्रद चक्र** - इसमें एक छोटा त्रिकोण होता है। यह आवरण सभी सिद्धियाँ प्रदान करने वाला है।
8. **सर्व आनंदमय चक्र (बिंदु)** - यह श्रीचक्र का अंतिम और सबसे आंतरिक आवरण एक बिंदु है। परमानंद और दिव्यता प्रदान करने वाला यह बिंदु ही माँ ललिता का निवास स्थान है |

!!! श्री गुरु चरणार्पणमस्तु !!!

श्री यंत्र पूजा विधि

यदि आप साधना क्रम में **गुरु, गणपति, भैरव** और **पंचोपचार पूजन** और **संकल्प** आदि कर चुके हैं तो आप सीधा करन्यास से आरम्भ करें अन्यथा पहले इन विधियों का पालन करें। इनकी विधि और मन्त्र बहिर्याग के आरम्भ में दी गयी हैं।

करन्यास

1. ***ऐं अङ्गुष्ठाभ्यां नमः***
2. ***ह्रीं तर्जनीभ्यां नमः***
3. ***श्रीं मध्यमाभ्यां नमः***
4. ***ऐं अनामिकाभ्यां नमः***
5. ***ह्रीं कनिष्ठिकाभ्यां नमः***
6. ***श्रीं करतल करपृष्ठाभ्यां नमः***

यंत्रोद्धार

1. वेदी पर यंत्र पूजा के स्थान को जल छिड़कें, पवित्र करें, उस पर फूल बिछाएं और योग पीठ देवताओं का पूजन करें और नाचे दिया गया मंत्र पढ़ें।
   (ऐं ह्रीं श्रीं) (ऐं क्लीं सौः) मम मंडूकादि परतत्वन्त पीठ देवताभ्यो नमः।
2. एक आठ पंखुड़ियों वाला कमल बनाकर उस पर अष्टगंध लगाएँ। श्री यंत्र को दूध और पानी से धोकर, अष्टगंध का लेप लगाएँ। इसे एक प्लेट में रखकर वेदी पर स्थापित करें और निम्नलिखित मंत्र का जप करें।
   (ऐं ह्रीं श्रीं) (ऐं क्लीं सौः) सरस्वती योग पीठ आत्मने नमः।
3. तत्व मुद्रा से यंत्र की प्राण प्रतिष्ठा करें
   1. ***(ऐं ह्रीं श्रीं) (ऐं क्लीं सौः) आं ह्रीं क्रों, यं रं लं वं, शं ष हं सं, हंसः सोहम्, मम जीवः एहा स्थिता।***
      अर्थ - *ॐ ऐं ह्रीं श्रीं, ऐं क्लीं सौः की ऊर्जाओं के साथ आं ह्रीं क्रों यं रं, लं, वं, सं, शं, षं, हं, हंसः सोऽहम् मेरी आत्मा यहाँ स्थित हो।*
   2. ***(ऐं ह्रीं श्रीं) (ऐं क्लीं सौः) आं ह्रीं क्रों, यं रं लं वं, शं ष हं सं, हंसः सोहम्, मम सर्व इन्द्रियाणि एहा स्थितानि।***
      अर्थ - *ॐ ऐं ह्रीं श्रीं, ऐं क्लीं सौः की ऊर्जाओं के साथ आं ह्रीं क्रों यं, रं, लं, वं, सं, शं, षं, हं, हंसः सोऽहम् मेरे सभी इंद्रियाँ यहाँ स्थित हों।*
   3. ***(ऐं ह्रीं श्रीं) (ऐं क्लीं सौः) आं ह्रीं क्रों, यं रं लं वं, शं ष हं सं, हंसः सोहम्, मम, वाक्, मनः,चक्षु, श्रोत्र, त्वक्, घ्राण, प्राण, एहा गत्यं सुखं चिरम् तिष्ठन्तु स्वाहा***

अर्थ - ॐ ऐं ह्रीं श्रीं, ऐं क्लीं सौः की ऊर्जाओं के साथ आं ह्रीं क्रों यं, रं, लं, वं, सं, शं, षं, हं, हंसः सोऽहम् मेरी वाणी, मन, नेत्र, कान, त्वचा, नासिका, प्राण, यहाँ सुखपूर्वक चिरकाल तक स्थित रहें, स्वाहा।

4. दोनों हाथों में एक सुंदर **लाल कमल** या **गुलाब** लें, हृदय में देवी का ध्यान करके उस **लाल कमल** या **गुलाब** का आसन अर्पित करें। फिर उस फूल को यंत्र के मध्य में रखें।
5. फूल, **अक्षत (चावल)** और नीचे दिखाए गए पाँच हस्त मुद्राएँ अर्पित करें।

सुमुख मुद्रा   सुवृत मुद्रा   चतुराश्र मुद्रा   मुदगर मुद्रा   योनि मुद्रा

6. देवी का मानसिक पूजन करें।
7. अर्पित किए गए **लाल कमल** या **गुलाब** के कर्णिका (डंठल), पंखुड़ी, और में विभिन्न देवताओं की पूजा करें।
8. निम्नलिखित मंत्रों में उल्लेखित देवताओं का अर्पित किए गए **लाल कमल** या **गुलाब के कर्णिका** के भीतर ध्यान करें :

   a. *(ऐं ह्रीं श्रीं) (ऐं क्लीं सौः) मण्डूकाय नमः*
   b. *(ऐं ह्रीं श्रीं) (ऐं क्लीं सौः) काल अग्नि रूद्राय नमः*
   c. *(ऐं ह्रीं श्रीं) (ऐं क्लीं सौः) मूलप्रकृत्यै नमः,*
   d. *(ऐं ह्रीं श्रीं) (ऐं क्लीं सौः) आधारशक्त्यै नमः,*
   e. *(ऐं ह्रीं श्रीं) (ऐं क्लीं सौः) कूर्माय नमः,*
   f. *(ऐं ह्रीं श्रीं) (ऐं क्लीं सौः) शेषाय नमः*
   g. *(ऐं ह्रीं श्रीं) (ऐं क्लीं सौः) वाराहाय नमः*
   h. *(ऐं ह्रीं श्रीं) (ऐं क्लीं सौः) पृथिव्यै नमः*
   i. *(ऐं ह्रीं श्रीं) (ऐं क्लीं सौः) सुधासमुद्राय नमः*
   j. *(ऐं ह्रीं श्रीं) (ऐं क्लीं सौः) रत्नद्वीपाय नमः*
   k. *(ऐं ह्रीं श्रीं) (ऐं क्लीं सौः) मेरुवे नमः*
   l. *(ऐं ह्रीं श्रीं) (ऐं क्लीं सौः) नंदन वनाय नमः*
   m. *(ऐं ह्रीं श्रीं) (ऐं क्लीं सौः) कल्पवृक्षाय नमः*

9. निम्नलिखित मंत्रों में उल्लेखित देवताओं का अर्पित किए गए **लाल कमल या गुलाब** के **आधार** के भीतर ध्यान करें।

a. (ऐं ह्रीं श्रीं) (ऐं क्लीं सौः) विचित्र आनंद भूम्यै नमः।

10. निम्नलिखित मंत्रों में उल्लेखित देवताओं का अर्पित किए गए **लाल कमल या गुलाब** के **ऊपर** ध्यान करें।

a. (ऐं ह्रीं श्रीं) (ऐं क्लीं सौः) रत्न मन्दिराय नमः

b. (ऐं ह्रीं श्रीं) (ऐं क्लीं सौः) रत्न वेदिकाय नमः

c. (ऐं ह्रीं श्रीं) (ऐं क्लीं सौः) धर्मवर्णाय नमः

d. (ऐं ह्रीं श्रीं) (ऐं क्लीं सौः) रत्न सिंहासनाय नमः

11. निम्नलिखित मंत्रों में उल्लेखित देवताओं का **चारों दिशाएं** में ध्यान करें।

a. (ऐं ह्रीं श्रीं) (ऐं क्लीं सौः) धर्माय नमः,

b. (ऐं ह्रीं श्रीं) (ऐं क्लीं सौः) अधर्माय नमः,

c. (ऐं ह्रीं श्रीं) (ऐं क्लीं सौः) ज्ञानाय नमः

d. (ऐं ह्रीं श्रीं) (ऐं क्लीं सौः) अज्ञानाय नमः

e. (ऐं ह्रीं श्रीं) (ऐं क्लीं सौः) वैराग्याय नमः

f. (ऐं ह्रीं श्रीं) (ऐं क्लीं सौः) अवैराग्याय नमः

g. (ऐं ह्रीं श्रीं) (ऐं क्लीं सौः) ऐश्वर्याय नमः

h. (ऐं ह्रीं श्रीं) (ऐं क्लीं सौः) अनैश्वर्यै नमः

12. निम्नलिखित मंत्रों में उल्लेखित देवताओं का अर्पित किए गए **लाल कमल या गुलाब** के मध्य में

a. (ऐं ह्रीं श्रीं) (ऐं क्लीं सौः) आनन्द कंदाय नमः

b. (ऐं ह्रीं श्रीं) (ऐं क्लीं सौः) संविद आलय नमः

c. (ऐं ह्रीं श्रीं) (ऐं क्लीं सौः) सर्व तत्वात्मकं पद्माय नमः

d. (ऐं ह्रीं श्रीं) (ऐं क्लीं सौः) प्रकृतिमय पत्रेभ्यो नमः

e. (ऐं ह्रीं श्रीं) (ऐं क्लीं सौः) विकर्माय केसरेभ्यो नमः

f. (ऐं ह्रीं श्रीं) (ऐं क्लीं सौः) पञ्चाशद बीजाढ्या कर्णिकाय नमः

g. (ऐं ह्रीं श्रीं) (ऐं क्लीं सौः) अं द्वादशकलात्मने सूर्यमण्डलाय नमः

h. (ऐं ह्रीं श्रीं) (ऐं क्लीं सौः) उं षोडश कालात्मने सोम मंडलाय नमः

i. (ऐं ह्रीं श्रीं) (ऐं क्लीं सौः) मं दश कलात्मने वह्नि मंडलाय नमः

j. (ऐं ह्रीं श्रीं) (ऐं क्लीं सौः) सं सत्वाय नमः

k. (ऐं ह्रीं श्रीं) (ऐं क्लीं सौः) रं रजसे नमः

l. (ऐं ह्रीं श्रीं) (ऐं क्लीं सौः) तं तमसे नमः

m. (ऐं ह्रीं श्रीं) (ऐं क्लीं सौः) अं आत्मने नमः

n. (ऐं ह्रीं श्रीं) (ऐं क्लीं सौः) ऊँ अन्तरात्मने नमः

o. (ऐं ह्रीं श्रीं) (ऐं क्लीं सौः) पं परमात्मने नमः

p. (ऐं ह्रीं श्रीं) (ऐं क्लीं सौः) ह्रीं ज्ञानात्मने नमः।

13. निम्नलिखित मंत्र से **पीठ देवता (वेदी देवता)** की पूजा करें
    a. (ऐं ह्रीं श्रीं) (ऐं क्लीं सौः) बं ब्रह्मप्रेताय नमः।
    b. (ऐं ह्रीं श्रीं) (ऐं क्लीं सौः) विं विष्णुप्रेताय नमः।
    c. (ऐं ह्रीं श्रीं) (ऐं क्लीं सौः) रं रुद्रप्रेताय नमः।
    d. (ऐं ह्रीं श्रीं) (ऐं क्लीं सौः) इं ईश्वरप्रेताय नमः।
    e. (ऐं ह्रीं श्रीं) (ऐं क्लीं सौः) सं सदाशिवप्रेताय नमः।
    f. (ऐं ह्रीं श्रीं) (ऐं क्लीं सौः) सुं सुधार्णवासनाय नमः।
    g. (ऐं ह्रीं श्रीं) (ऐं क्लीं सौः) प्रें प्रेताम्बुजसनाय नमः।
    h. (ऐं ह्रीं श्रीं) (ऐं क्लीं सौः) दिं दिव्यासनाय नमः।
    i. (ऐं ह्रीं श्रीं) (ऐं क्लीं सौः) चं चक्रासनाय नमः।
    j. (ऐं ह्रीं श्रीं) (ऐं क्लीं सौः) सं सर्वमंत्रासनाय नमः।
    k. (ऐं ह्रीं श्रीं) (ऐं क्लीं सौः) सं साध्य सिद्धासनाय नमः।

14. आठ दिशाओं में **आठ पीठ शक्तियों** की पूजा
    a. (ऐं ह्रीं श्रीं) (ऐं क्लीं सौः) इच्छायै नमः।
    b. (ऐं ह्रीं श्रीं) (ऐं क्लीं सौः) ज्ञानायै नमः।
    c. (ऐं ह्रीं श्रीं) (ऐं क्लीं सौः) क्रियायै नमः।
    d. (ऐं ह्रीं श्रीं) (ऐं क्लीं सौः) कामिन्यै नमः।
    e. (ऐं ह्रीं श्रीं) (ऐं क्लीं सौः) कामदायिन्यै नमः।
    f. (ऐं ह्रीं श्रीं) (ऐं क्लीं सौः) रत्यै नमः।
    g. (ऐं ह्रीं श्रीं) (ऐं क्लीं सौः) रतिप्रियायै नमः।
    h. (ऐं ह्रीं श्रीं) (ऐं क्लीं सौः) नंदायै नमः।
    i. (ऐं ह्रीं श्रीं) (ऐं क्लीं सौः) मनोन्मन्यै नमः। (केंद्र)

चतुरायतन पूजा

दक्षिण-पश्चिम में **गणेश** और **उत्तर-पश्चिम में सूर्य की पूजा** करनी चाहिए। **उत्तर-पूर्व में विष्णु** और **दक्षिण-पूर्व में शिव** की पूजा करनी चाहिए।

1. **गणेश** - ॐ सुमुखाय नमः। एकदन्ताय नमः। कपिलाय नमः। गजकर्णकाय नमः। लम्बोदराय नमः। श्री गणेश पादुकाम् पूजयामि तर्पयामि नमः।

2. **सूर्य** - ॐ मित्राय नमः। ॐ रवये नमः। ॐ सूर्याय नमः। ॐ भानवे नमः। ॐ खगाय नमः। श्री सूर्याय पादुकाम् पूजयामि तर्पयामि नमः।

3. ***विष्णु*** - *ॐ अच्युताय नमः | ॐ अनंताय नमः | ॐ गोविंदाय नमः | ॐ केशवाय नमः | ॐ त्रिविक्रमाय नमः | ॐ नमो नारायणाय | ॐ नमो भगवते वासुदेवाय | श्री नारायणाय पादुकाम् पूजयामि तर्पयामि नमः।*
4. **शिव** -*ॐ शिवाय नमः | (शुद्ध) ॐ हर नमः | (विनाशक) ॐ रुद्र नमः | (भयंकर) ॐ मृडाय नमः | (दयालु) ॐ पुष्कर नमः | (पोषण करने वाला)*

चौंसठ उपचार

पीठ पूजा के उपरांत देवी को **चौंसठ उपचार** अर्पित करें। माँ को पुष्प, सुगंधित द्रव्य, पंचामृत विशेष अर्घ्य से भरा हुआ प्याला, और पान बीड़ा आदी अर्पित करें। इसके अतिरिक्त **पंचायतन पूजा** और श्रीयंत्र के लिए जल से अभिषेक करें।

बालार्कारुण तेजसं त्रिनयनां रक्तांबरोल्लासिनीं,
नानालन्कृतिराज मानवपुषं बालोडुरात शेखरां।
हस्तैरिक्षुधनुः सृणीसुमशरान् पाशंमुदा विभ्रतिं
श्री चक्र स्थित सुन्दरीं त्रिजगतां अधारभूतां स्मरेत्।।

अर्थ - *जो उदय कालीन सूर्य के समान तेजस्वी हैं, जिनके तीन नेत्र हैं, जो रक्तवर्ण वस्त्र धारण किए हुए हैं, जो अनेक आभूषणों से विभूषित हैं, जो बालचंद्र को अपने शीश पर धारण किए हुए हैं। जिनके हाथों में गन्ना, अंकुश, सुंदर बाण, और पाश हैं । जो श्रीचक्र पर स्थित परम सुंदरी हैं और तीनों लोकों की आधारभूत शक्ति हैं, उन देवी का स्मरण करता हूँ।*

ऐं परायै अपरायै हसौः सदाशिव महाप्रेत पद्म आसनाय नमः

अर्थ - *मैं उन परम एवं अपार शक्ति स्वरूपा देवी को नमन करता हूँ, जो ऐं बीजमंत्र की अधिष्ठात्री हैं, सदाशिव द्वारा अर्पित किए हुए पद्मासन पर स्थित हैं*

चौंसठ उपचार निम्नलिखित मंत्र से आरंभ होते हैं:

1. ***(ऐं ह्रीं श्रीं) श्री ललितायै पाद्यम् कल्पयामि नमः***
   श्री ललिता के चरणों को धोने के लिए जल अर्पित करते हैं।
2. ***(ऐं ह्रीं श्रीं) आभरण अवरोपणम् कल्पयामि नमः***
   श्री ललिता को आभूषणों से अलंकृत करते हैं।
3. ***(ऐं ह्रीं श्रीं) सुगंधि तैल अभ्यंगम कल्पयामि नमः***
   श्री ललिता को मालिश हेतु सुगंधित तेल अर्पित करते हैं।

स्नान हेतु राजसी मज्जनशाला में प्रवेश

4. ***(ऐं ह्रीं श्रीं) मज्जनशाला प्रवेशनम् कल्पयामि नमः***
   श्री ललिता का राजसी स्नानागार में प्रवेश
5. ***(ऐं ह्रीं श्रीं) मज्जनशाला मणिमय पीठ उपवेशनम्***
   श्री ललिता को राजसी स्नानागार में रत्नों से जड़ित वेदी पर आसन अर्पित करते हैं।

स्नान के लिए सुगंधित जल अपर्ण

6. ***(ऐं ह्रीं श्रीं) दिव्य स्नानीयं उद्वर्तनम् कल्पयामि नमः***
   श्री ललिता को पवित्र स्नान सामग्री के साथ एक दिव्य उबटन अर्पित करते हैं।
7. ***(ऐं ह्रीं श्रीं) उष्णोदक स्नानं कल्पयामि नमः कल्पयामि नमः***
   श्री ललिता को स्नान हेतु गुनगुना पानी अर्पित करते हैं।
8. ***(ऐं ह्रीं श्रीं) कनक कलशच्युत सकल तीर्थ अभिषेकं कल्पयामि नमः***
   श्री ललिता को एक स्वर्ण कलश में पवित्र नदियों का जल अर्पित करते हैं।
9. ***(ऐं ह्रीं श्रीं) धौत वस्त्रं परिमार्जनं कल्पयामि नमः***
   श्री ललिता को पोंछने के लिए स्वच्छ श्वेत वस्त्र अर्पित करते हैं।
10. ***(ऐं ह्रीं श्रीं) अरुण दुकुलं परिधानं कल्पयामि नमः***
    श्री ललिता को अरुण ओढनी अर्पित करते हैं।
11. ***(ऐं ह्रीं श्रीं) अरुण कुचोत्रिअम् कल्पयामि नमः***
    श्री ललिता को अरुण ब्लाऊज़ अर्पित करते हैं।

सुगंधित लेप लगाने के लिए एक राजसी कक्ष में प्रवेश

12. ***(ऐं ह्रीं श्रीं) आलेप मंडप प्रवेशनम् कल्पयामि नमः***
    श्री ललिता को उबटन लगाने वाले मंडप में प्रवेश
13. ***(ऐं ह्रीं श्रीं) आलेप मंडप मणि पीठोपवेशनम् कल्पयामि नमः***
    श्री ललिता को उबटन लगाने वाले कक्ष में रत्नों से जड़ित वेदी पर आसन अर्पित करते हैं।

पुष्प और गंध अर्पित करना

14. ***(ऐं ह्रीं श्रीं) चंदन अगर कुमकुम मृगमद कर्पूर गोरचन आदि सर्वांगीणं विलेपनं कल्प्यामि नमः***
    श्री ललिता को चंदन, अगर, केसर, कर्पूर और अन्य सुगंधित पदार्थों से बनी सुगंधित लेप अर्पित करते हैं।
15. ***(ऐं ह्रीं श्रीं) केशाभरस्य कालागुरु गुरु धूपं कल्प्यामि नमः***
    श्री ललिता को केशों को कालागुरु की सुगंधित धूप अर्पित करते हैं।

16. (ऐं ह्रीं श्रीं) मल्लिका मालति जाति चंपक अशोक शत पत्र पुन्नाग कुसुम माला कल्प्यामि नमः
श्री ललिता को मल्लिका, मालती, जाती, चंपक, अशोक, शतपत्र, और पुन्नाग के फूलों से बनी पुष्पमाला अर्पित करते हैं।

माँ को आभूषण अर्पित करने हेतु एक आभूषण मण्डप में प्रवेश

17. (ऐं ह्रीं श्रीं) आभूषणं मण्डप प्रवेशनम् कल्पयामि नमः
श्री ललिता का आभूषण मण्डप में प्रवेश

18. (ऐं ह्रीं श्रीं) आभूषणं मण्डप मणि पीठोपवेशनम् कल्पयामि नमः
श्री ललिता को मणिमय मण्डप पर आभूषणों से अलंकृत आसन अर्पित करते हैं।

आभूषण अर्पण

19. (ऐं ह्रीं श्रीं) नव मणि मुकुटं कल्पयामि नमः (मुकुट)
20. (ऐं ह्रीं श्रीं) चंद्र शकलम् कल्पयामि नमः (चंद्रमा)
21. (ऐं ह्रीं श्रीं) सीमंत सिन्दूरं कल्पयामि नमः (सिर के लिए सिन्दूर)
22. (ऐं ह्रीं श्रीं) मंगल सूत्रम् (प्रथम भूषण) कल्पयामि नमः (मंगल सूत्र)
23. (ऐं ह्रीं श्रीं) तिलक रत्नम् कल्पयामि नमः (तिलक)
24. (ऐं ह्रीं श्रीं) कालांजनं कल्पयामि नमः, (काजल)
25. (ऐं ह्रीं श्रीं) वाली युगलं कल्पयामि नमः (सिर का आभूषण)
26. (ऐं ह्रीं श्रीं) मणि कुंडल युगलं कल्पयामि नमः (कान की बाली)
27. (ऐं ह्रीं श्रीं) नासाभरणम् कल्पयामि नमः (नाक की बाली)
28. (ऐं ह्रीं श्रीं) अधर यावकं कल्पयामि नमः (लिपस्टिक)
29. (ऐं ह्रीं श्रीं) कनक चिंताकम् कल्पयामि नमः (स्वर्ण पेंडेंट)
30. (ऐं ह्रीं श्रीं) पदकम् कल्पयामि नमः (पेंडेंट)
31. (ऐं ह्रीं श्रीं) महा पदकम् कल्पयामि नमः (बड़ा पेंडेंट)
32. (ऐं ह्रीं श्रीं) मुक्तावलिं कल्पयामि नमः (मोती कंगन)
33. (ऐं ह्रीं श्रीं) एकावलिं कल्पयामि नमः (कंगन)
34. (ऐं ह्रीं श्रीं) छन्नवीरम् कल्पयामि नमः (कंगन)
35. (ऐं ह्रीं श्रीं) केयूर युगलं चतुष्टयं कल्पयामि नमः (बाजू बंद)
36. (ऐं ह्रीं श्रीं) वलया वलिं कल्पयामि नमः (बाजूबंद)
37. (ऐं ह्रीं श्रीं) उर्मिका वलिं कल्पयामि नमः (अंगूठी)
38. (ऐं ह्रीं श्रीं) कांचीदाम कल्पयामि नमः (कमरपट्टी)

39. (ऐं ह्रीं श्रीं) कटि सूत्रम् कल्पयामि नमः (कमरबंद)
40. (ऐं ह्रीं श्रीं) ललितायै सौभाग्य आभरणम् कल्पयामि नमः
41. (ऐं ह्रीं श्रीं) पाद कटकम् कल्पयामि नमः (जूते)
42. (ऐं ह्रीं श्रीं) रत्न नूपुरम् कल्पयामि नमः (पायल)
43. (ऐं ह्रीं श्रीं) पाद अंगुलियकम् कल्पयामि नमः (पैरों की अंगूठी, बिछिये)
44. (ऐं ह्रीं श्रीं) एककरे पाशम् कल्पयामि नमः (पाश)
45. (ऐं ह्रीं श्रीं) अन्य करे अंकुशं कल्पयामि नमः (अंकुशं)
46. (ऐं ह्रीं श्रीं) इतर करे पुण्ड्रेक्षु चापम् कल्पयामि नमः (गन्ना)
47. (ऐं ह्रीं श्रीं) अपकरे पुष्प बाणान् कल्पयामि नमः (पुष्प बाण)

सभी देवताओं और भगवान् शिव के साथ सिंहासन अर्पित करें

48. (ऐं ह्रीं श्रीं) माणिक्य पादुके कल्पयामि नमः
श्री ललिता को माणिक्य जड़ित पादुका अर्पित करते हैं।

49. (ऐं ह्रीं श्रीं) स्वसमान वेशाभि आवरण देवताभिः सह महा चक्राधि रोहणं कल्पयामि नमः
श्री ललिता को सभी आवरण देवताओं को उनके वेश और आभूषण के साथ, महा चक्र के समीप आसन अर्पित करते हैं।

50. (ऐं ह्रीं श्रीं) श्रीमन् कामेश्वर अंकपर्यंक उपवेशनम् कल्पयामि नमः
श्री ललिता को कामेश्वर के अंक पर आसन अर्पित करते हैं।

51. (ऐं ह्रीं श्रीं) अमृत आसव चषकम् कल्पयामि नमः (अमृत का प्याला)

52. (ऐं ह्रीं श्रीं) आचमनीयम् कल्पयामि नमः (मुंह धोने के लिए पानी)

53. (ऐं ह्रीं श्रीं) कर्पूर वीटीकाम् कल्पयामि नमः (सुपारी)

54. (ऐं ह्रीं श्रीं) श्री ललितायै आनंद उल्लास विलास हासं कल्पयामि नमः (आनंद उल्लास)

दीप आराधना - धूप, अक्षत, घंटी आदि अर्पित करें और प्रज्वलित दीप को घड़ी की सुई की दिशा में तीन बार घुमाएँ।

55. (ऐं ह्रीं श्रीं) श्रीं ह्रीं ग्लूं स्लूं म्लूं प्लूं न्लूं ह्रीं श्रीं
(ऐं ह्रीं श्रीं) जगत ध्वनि मंत्र मातः स्वाहा
(ऐं ह्रीं श्रीं) श्री ललितायै मंगल आरतीकम् कल्पयामि नमः
समस्त चक्रचक्रेषी युते देवि नवात्मिके
आरतीकं इदं तुभ्यं गृहाण मम सिद्धये

माता के दाहिनी ओर दीपक रखें और पुष्प अर्पित करें

56. (ऐं ह्रीं श्रीं) श्री ललितायै छत्रम् कल्पयामि नमः (छाता)

57. (ऐं ह्रीं श्रीं) श्री ललितायै चामरयुगलं कल्पयामि नमः (चामर)

58. (ऐं ह्रीं श्रीं) श्री ललितायै दर्पणम् कल्पयामि नमः (दर्पण)

59. (ऐं ह्रीं श्रीं) श्री ललितायै ताल वृंतम कल्पयामि नमः (संगीत ताली)

60. (ऐं ह्रीं श्रीं) श्री ललितायै गंधं कल्पयामि नमः (गंध)

61. (ऐं ह्रीं श्रीं) श्री ललितायै पुष्पम् कल्पयामि नमः (पुष्पम्)

62. (ऐं ह्रीं श्रीं) श्री ललितायै धूपं कल्पयामि नमः (धूपं)

63. (ऐं ह्रीं श्रीं) श्री ललितायै दीपं कल्पयामि नमः (दीपं)

देवी को नैवेद्य अर्पण

64. *(ऐं ह्रीं श्रीं) श्री ललितायै नैवेद्यं कल्पयामि नमः*

(ऐं ह्रीं श्रीं) श्री ललितायै पानियम, उत्तरापोषनम, हस्त प्रक्षालनम, गंडूषम, आचमनीयम समर्पयामि नमः

भोजन अर्पित करने की प्रक्रिया:

- **मंडल बनाना -** कुमकुम का उपयोग करके एक वर्गाकार मंडल बनाएँ और उस पर भोजन के साथ एक प्लेट रखें।

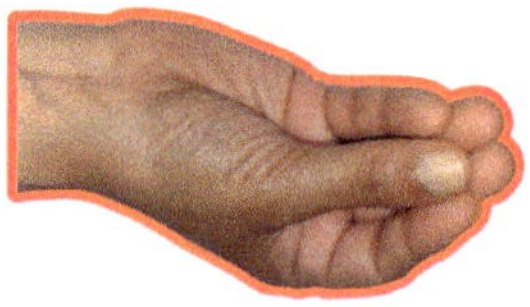

ग्रास मुद्रा

धेनु मुद्रा

- **जल अभिषेक** - भोजन पर जल छिड़कते हुए मूल मंत्र का जाप करें।
- **धेनु मुद्रा -** भोजन को शुद्ध करने के लिए "वं" बीज मंत्र का जाप करते हुए धेनु मुद्रा दिखाएँ।

प्राण मुद्रा

अपान मुद्रा

व्यान मुद्रा

उदान मुद्रा

समान मुद्रा

- **प्राणिक मुद्राएँ** - पाँच प्राणिक मुद्राओं और ग्रस मुद्रा को दिखाएँ।
  - नैवैद्य अर्पित करते समय पंच प्राण मुद्रा दिखाएँ
    1. ***ॐ प्राणाय स्वाहा*** (छोटी उंगली + अनामिका + अंगूठा)

2. ***ॐ अपानाय स्वाहा*** (अनामिका + मध्यमा + अंगूठा)
3. ***ॐ व्यानाय स्वाहा*** (मध्यमा + तर्जनी + अंगूठा)
4. ***ॐ उदानाय स्वाहा*** (अनामिका + मध्यमा + तर्जनी + अंगूठा)
5. ***ॐ समानाय स्वाहा*** (सभी अंगुलियाँ + अंगूठा)

- **अंतिम अर्पण:**
  जल अर्पण- पाँच बार जल अर्पित करें, प्रत्येक बार देवी को समर्पित करते हुए।
  पान और सुपारी अर्पण - पान के पत्ते और सुपारी को देवी को अर्पित करें, जो शुभकामनाओं और समृद्धि का प्रतीक है।

  (ऐं ह्रीं श्रीं) द्रीं क्लीं ब्लूं सः क्रों हस्खफ्रें हसौः ऐं हस्रैं हस्क्लीं हस्रौः
- अब देवी को नौ मुद्राएँ दिखाएँ। षोडशी दीक्षित **त्रिखंड मुद्रा** भी दिखाएँ

निम्नलिखित 10 मुद्रा दिखाएँ

सर्वसंक्षोभिणी – द्रां

सर्वविद्राविणी – द्रीं

सर्वाकर्षिणी – क्लीं

सर्ववशन्करि– ब्लूं

सर्वोन्मादिनी – सः

सर्वमहान्कुशे – क्रोम्

र्वखेचरी – हस्खफ्रेम्

सर्वबीज – हसौः

सर्वयोनि – ऐं

सर्वत्रिखण्डा – ह्स्रैं ह्स्क्ल्रीं ह्स्रौः

षडंग न्यास

बालाषडंग न्यास अपने अंगों में बाला के मंत्रों को स्थापित करके किया जाता है।

1. *(ऐं क्लीं सौः) ऐं - हृदयाय नमः*
2. *(ऐं क्लीं सौः) क्लीं - शिरसे स्वाहा*
3. *(ऐं क्लीं सौः) सौः - शिखायै वषट्*
4. *(ऐं क्लीं सौः) ऐं - कवचाय हुं*
5. *(ऐं क्लीं सौः) क्लीं - नेत्रत्रयाय वौषट्*
6. *(ऐं क्लीं सौः) सौः - अस्त्राय फट्*

नित्या देवियों की पूजा

मध्यबिंदु के चारों ओर सोलह नित्या देवियों का पूजन और तर्पण करें। बीजाक्षर - और तिथि नित्या देवियों के नाम यहां दिए गए हैं।

1. *अं - कामेश्वरी श्री पादुकां पूजयामि तर्पयामि नमः*
2. *आं - भगमालिनी श्री पादुकां पूजयामि तर्पयामि नमः*
3. *इं - नित्यक्लिन्ना श्री पादुकां पूजयामि तर्पयामि नमः*
4. *ईं - भेरुन्डा श्री पादुकां पूजयामि तर्पयामि नमः*
5. *उं - वह्निवासिनी श्री पादुकां पूजयामि तर्पयामि नमः*
6. *ऊं - महावज्रेश्वरी श्री पादुकां पूजयामि तर्पयामि नमः*
7. *ऋं - शिवदूती श्री पादुकां पूजयामि तर्पयामि नमः*
8. *ॠं - त्वरिता श्री पादुकां पूजयामि तर्पयामि नमः*
9. *लृं - कुलसुन्दरी श्री पादुकां पूजयामि तर्पयामि नमः*
10. *लॄं - नित्या श्री पादुकां पूजयामि तर्पयामि नमः*
11. *एं - नीलपताका श्री पादुकां पूजयामि तर्पयामि नमः*
12. *ऐं - विजया श्री पादुकां पूजयामि तर्पयामि नमः*
13. *ओं - सर्वमङ्गला श्री पादुकां पूजयामि तर्पयामि नमः*
14. *औं - ज्वालामालिनी श्री पादुकां पूजयामि तर्पयामि नमः*
15. *अं - चित्रा श्री पादुकां पूजयामि तर्पयामि नमः*
16. *अः - श्री ललिता महा नित्या श्री पादुकां पूजयामि तर्पयामि नमः*

श्रीचक्र आवरण पूजा

आवाहन के पश्चात् नवावरण पूजा का विधान है। श्रीयंत्र में कुल बारह आवरणों की पूजा की जाती है। आवरण पूजा की शुरुआत निम्नलिखित मंत्र से की जानी चाहिए। प्रत्येक आवरण पूजा के अंत में, मंत्रों का जाप करते हुए यंत्र को अक्षत, पुष्प, धूप, दीप, और गंध अर्पित करना चाहिए। साथ ही, प्रत्येक मंत्र के साथ तर्पण भी करना चाहिए।

गुरु मंडल अर्चनम्

श्रीयंत्र के केंद्र बिंदु के निकट त्रिभुज में **दिव्यौघ, सिद्धौघ, मानवौघ गुरु** और **गुरु चतुष्टय** की पूजा करनी चाहिए। गुरु चतुष्टय, वे महान गुरु हैं, जिन्होंने प्रत्येक युग में **श्री ब्रह्म विद्या संप्रदाय** का प्रचार और प्रसार किया है। इनका परिचय निम्नलिखित है।

- **परमशिव** द्वारा सीधे दीक्षा प्राप्त करने वाले गुरुओं की पूजा सबसे भीतरी त्रिभुज की तीन भुजाओं पर की जाती है। यह **महाकामेश्वर (परमशिव)** हैं, जिन्होंने **सतयुग** के दौरान **महाकामेश्वरी** की दीक्षा दी थी। **महाकामेश्वर** को सतयुग में **चर्यानंदननाथ** (चर्या का अर्थ है अभ्यास किया जाना या किया जाना, जो साधना के महत्व को दर्शाता है) के नाम से जाना जाता है। चर्यानंदननाथ को **विद्यानंदनाथ** और **परमशिवनंदनाथ** जैसे अन्य नामों से भी जाना जाता है। सतयुग में **महाकामेश्वरी** को दीक्षा देने के बाद, **महाकामेश्वर** ने त्रेता युग में **उड्डीशानंदनाथ,** द्वापर युग में **षष्ठीशानंदनाथ** और वर्तमान युग में **मित्रेशनंदनाथ** को दीक्षा दी।

- **महाकामेश्वर** की पूजा बिंदु में की जाती है। तीन गुरु जिन्हें परमशिव ने साक्षात् दीक्षा दी थी, उनकी पूजा अंतरतम त्रिभुज की तीन भुजाओं में की जाती है।
  ऐं ह्रीं श्रीं ऐं क्लीं सौः परौघेभ्यो नमः

1. गुरु मंडल को दो आंतरिक त्रिभुजों और बिंदु में कल्पना करते हुए फूल (सफेद) अर्पित करें। नीचे दिए गए **गुरु पादुका मंत्र** के साथ बिंदु में पूजा और तर्पण करें।
   (ऐं ह्रीं श्रीं) (ऐं क्लीं सौः) ऐं ग्लौं ह्स्ख्फ्रें हसक्षमलवरयूं ह्सौः सहक्षमलवरयीं स्हौः श्रीविद्यानन्दनाथात्मक चर्यानन्दनाथ श्री महापादुकां पूजयामि तर्पयामि नमः॥

2. त्रिभुज के बाईं ओर, **जो रेखा 1 (साधक के बाईं ओर)** से चिह्नित है, वहाँ निम्नलिखित गुरुओं की पूजा की जाती है।
   a. ***(ऐं ह्रीं श्रीं) (ऐं क्लीं सौः) उड्डीशानंद नाथ श्रीपादुकां पूजयामि तर्पयामि नमः॥***
   b. ***(ऐं ह्रीं श्रीं) (ऐं क्लीं सौः) प्रकाशानन्दनाथ श्रीपादुकां पूजयामि तर्पयामि नमः॥***

c. (ऐं ह्रीं श्रीं) (ऐं क्लीं सौः) विमर्शानन्दनाथ श्रीपादुकां पूजयामि तर्पयामि नमः॥

d. (ऐं ह्रीं श्रीं) (ऐं क्लीं सौः) आनन्दनन्दनाथ श्रीपादुकां पूजयामि तर्पयामि नमः॥

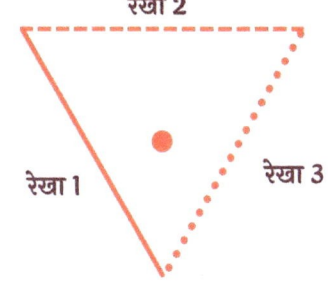

3. त्रिभुज की **रेखा 2,** जो आयतों द्वारा चिह्नित है, उस पर निम्नलिखित गुरुओं की पूजा की जाती है।

   a. (ऐं ह्रीं श्रीं) (ऐं क्लीं सौः) षष्टीशानन्दनाथ श्रीपादुकां पूजयामि तर्पयामि नमः

   b. (ऐं ह्रीं श्रीं) (ऐं क्लीं सौः) ज्ञानानन्दनाथ श्रीपादुकां पूजयामि तर्पयामि नमः

   c. (ऐं ह्रीं श्रीं) (ऐं क्लीं सौः) सत्यानन्दनाथ श्रीपादुकां पूजयामि तर्पयामि नमः

   d. (ऐं ह्रीं श्रीं) (ऐं क्लीं सौः) पूर्णानन्दनाथ श्रीपादुकां पूजयामि तर्पयामि नमः

4. त्रिभुज के दाईं ओर, जो **रेखा 3** (साधक के दाईं ओर) से चिह्नित है, वहाँ निम्नलिखित गुरुओं की पूजा की जाती है।

   a. (ऐं ह्रीं श्रीं) (ऐं क्लीं सौः) मित्रेशानन्दनाथ श्रीपादुकां पूजयामि तर्पयामि नमः

   b. (ऐं ह्रीं श्रीं) (ऐं क्लीं सौः) स्वभावानन्दनाथ श्रीपादुकां पूजयामि तर्पयामि नमः

   c. (ऐं ह्रीं श्रीं) (ऐं क्लीं सौः) प्रतीभानन्दनाथ श्रीपादुकां पूजयामि तर्पयामि नमः

   d. (ऐं ह्रीं श्रीं) (ऐं क्लीं सौः) सुभगानन्दनाथ श्रीपादुकां पूजयामि तर्पयामि नमः

5. दिए गए चित्र में तो हमें 1,2 और 3 से चिह्नित तीन पंक्तियाँ मिलेंगी।

   a. **पंक्ति 1** में हमारे **परमेष्ठी गुरु** की पूजा पाँच अन्य दिव्यगुरुओं के साथ की जाती है।

   b. **पंक्ति 2** में **सिद्ध गुरुओं** की पूजा की जाती है।

   c. **पंक्ति 3** में **मानव गुरुओं** की पूजा की जाती है।

दिव्यौघ गुरु - पहली पंक्ति

पंक्ति 1- '***(ऐं ह्रीं श्रीं) दिव्यौघ गुरुभ्यो नमः"*** का उच्चारण करके निम्नलिखित मंत्र का जप करें और पुष्प अर्पित करें।

1. (ऐं ह्रीं श्रीं) (ऐं क्लीं सौः) प्रकाशानन्दनाथ श्री पादुकाम् पूजयामि तर्पयामि नमः।

2. (ऐं ह्रीं श्रीं) (ऐं क्लीं सौः) परशिवानंदनाथ श्री पादुकाम् पूजयामि तर्पयामि नमः।

3. *(ऐं ह्रीं श्रीं) (ऐं क्लीं सौः) पराशक्तिअम्बा श्री पादुकाम् पूजयामि तर्पयामि नमः।*
4. *(ऐं ह्रीं श्रीं) (ऐं क्लीं सौः) कौलेश्वरानंदनाथ श्री पादुकाम् पूजयामि तर्पयामि नमः।*
5. *(ऐं ह्रीं श्रीं) (ऐं क्लीं सौः) शुक्लदेवी अम्बा श्री पादुकाम् पूजयामि तर्पयामि नमः।*
6. *(ऐं ह्रीं श्रीं) (ऐं क्लीं सौः) कुलेश्वरानंदनाथ श्री पादुकाम् पूजयामि तर्पयामि नमः।*
7. *(ऐं ह्रीं श्रीं) (ऐं क्लीं सौः) कामेश्वरी अम्बा श्री पादुकाम् पूजयामि तर्पयामि नमः।*

सिद्धौघ गुरु - दूसरी पंक्ति

पंक्ति 2 – *"(ऐं ह्रीं श्रीं) सिद्धौघ गुरुभ्यो नमः"* का उच्चारण करके निम्नलिखित मंत्र का जप करें और पुष्प अर्पित करें।

1. *(ऐं ह्रीं श्रीं) (ऐं क्लीं सौः) भोगानन्दनाथ श्री पादुकाम् पूजयामि तर्पयामि नमः।*
2. *(ऐं ह्रीं श्रीं) (ऐं क्लीं सौः) क्लिन्नानंदनाथ श्री पादुकाम् पूजयामि तर्पयामि नमः।*
3. *(ऐं ह्रीं श्रीं) (ऐं क्लीं सौः) समयानंदनाथ श्री पादुकाम पूजयामि तर्पयामि नमः।*
4. *(ऐं ह्रीं श्रीं) (ऐं क्लीं सौः) सहजानन्दनाथ श्री पादुकाम् पूजयामि तर्पयामि नमः।*

मानवौघ गुरु - तीसरी पंक्ति

पंक्ति 3 – *"(ऐं ह्रीं श्रीं) मानवौघ गुरुभ्यो नमः"* का उच्चारण करके निम्नलिखित मंत्र का जप करें और पुष्प अर्पित करें।

1. *(ऐं ह्रीं श्रीं) (ऐं क्लीं सौः) गगनानन्दनाथ श्री पादुकाम् पूजयामि तर्पयामि नमः।*
2. *(ऐं ह्रीं श्रीं) (ऐं क्लीं सौः) विश्वानन्दनाथ श्री पादुकाम् पूजयामि तर्पयामि नमः।*
3. *(ऐं ह्रीं श्रीं) (ऐं क्लीं सौः) विमलानंदनाथ श्री पादुकाम् पूजयामि तर्पयामि नमः।*
4. *(ऐं ह्रीं श्रीं) (ऐं क्लीं सौः) मदनानंदनाथ श्री पादुकाम् पूजयामि तर्पयामि नमः।*
5. *(ऐं ह्रीं श्रीं) (ऐं क्लीं सौः) भुवनानंदनाथ श्री पादुकाम् पूजयामि तर्पयामि नमः।*
6. *(ऐं ह्रीं श्रीं) (ऐं क्लीं सौः) लीलाम्बा श्री पादुकाम् पूजयामि तर्पयामि नमः।*
7. *(ऐं ह्रीं श्रीं) (ऐं क्लीं सौः) श्री स्वात्मानंदनाथ श्री पादुकाम् पूजयामि तर्पयामि नमः।*
8. *(ऐं ह्रीं श्रीं) (ऐं क्लीं सौः) श्री प्रियानंदनाथ श्री पादुकाम् पूजयामि तर्पयामि नमः।*

स्वगुरुक्रम

अब चार पारंपरिक गुरुओं का उनके नाम के साथ तर्पण करें।

1. *श्री ललिता शरण स्मिताम्बा- स्वगुरुनाथ सशक्त्यं श्री पादुकाम् पूजयामि तर्पयामि नमः।*
2. *श्री दिव्य चेतनानंद- परमगुरुनाथ सशक्त्यं श्री पादुकाम् पूजयामि तर्पयामि नमः।*
3. *श्री भूतनाथाय श्री निखिलेश्वरानंद परमहंस परात्पर गुरुनाथ सशक्त्यं श्री पादुकाम् पूजयामि तर्पयामि नमः।*

4. श्री त्रिजटा, श्री सच्चिदानंद परमहंस- परमेष्ठी गुरुनाथ सशक्त्यं श्री पादुकाम् पूजयामि तर्पयामि नमः।
   सदाशिव समारम्भां शंकराचार्यमाध्यमां ।
   अस्मदाचार्य पर्यन्तं वन्दे गुरु परंपराम ।।

   आभीष्टसिद्धि में देहि शरणागतवत्सले ।
   भक्त्या समर्पये तुभ्यं गुरु पंक्तिम आवारणार्चनं ।।

सामान्य अर्घ्य से जल लेकर देवी को एक पात्र में अर्पित करें

नव आवरण पूजा

गुरु पूजा के बाद हम श्रीयंत्र के नौ आवरण के देवताओं की पूजा करेंगे। आइए निम्नलिखित श्लोक का जाप करके देवी से अनुमति लें

संविमये परे देवि परामृतरुचिप्रिये।
अनुज्ञां त्रिपुरे देहि परिवारार्चनाय मे॥

क्रमांक	आवरण	आरेख	बीजाक्षर	योगिनी	मुद्रा	मुद्रा मंत्र	चक्रेश्वरी
1	त्रैलोक्यमोहन	3 वर्गाकार छोरों वाले चतुर्भुजाकार आवरण	अं आं सौः	प्रकट 28	क्षोभिणी	द्रां	त्रिपुरा
2	सर्वशापरिपुरक	16 दल कमल	ऐं क्लीं सौः	गुप्त 16	विद्राविणी	द्रीं	त्रिपुरेशी
3	सर्व संक्षोभण	8 दल कमल	ह्रीं क्लीं सौः	गुप्ततर 8	आकर्षिणी	क्लीं	त्रिपुरा सिंदूरी
4	सर्वसौभाग्यदायक	14 त्रिभुज	हैं हक्लीं हसौः	सम्प्रदाय 14	वासन्करी	ब्लूं	त्रिपुरावासिनी
5	सर्वार्थसाधक	10 त्रिभुज	ह्सैं हस्क्लीं ह्स्सौः	कुलोत्तरीण 10	उन्मादिनी	सः	त्रिपुरा श्री
6	सर्व रक्षाकर	10 त्रिभुज	ह्रीं क्लीं ब्लें	निगर्भ 10	महाङ्कुशे	क्रोम्	त्रिपुरा मालिनी
7	सर्वरोगहर	8 त्रिभुज	ह्रीं श्रीं सौः	रहस्य 8	खेचरी	हस्खफ्रें	त्रिपुरा सिद्धि
8	सर्वसिद्धिप्रद	1 त्रिभुज	हस्रैं हस्क्लीं हस्रौः	अति रहस्य 7	बीज	हसौं	त्रिपुराम्बा
9	सर्वानन्दमय	श्रीयंत्र के केंद्र में बिंदु	पंचदशी	परपर रहस्य 1	योनि	ऐं	महात्रिपुरा सुंदरी

प्रथमावरण - त्रैलोक्यमोहन चक्र

श्रीचक्र प्रथम आवरण देवता

- **नाम** - त्रैलोक्यमोहन चक्र
- **योगिनी** - 28 प्रकटयोगिनी
- **आरेख** - तीन चौकोर
- **मुद्रा** - सर्वसंक्षोभिणी
- **मुद्रा मंत्र** - द्रां
- **चक्रेश्वरी** - त्रिपुरा
- **बीजाक्षर** - अं आं सौः

प्रथम आवरण श्री चक्र को निम्नलिखित मंत्र का जप करते हुए पुष्प अर्पित करें। **यहाँ तर्पण नहीं किया जाता।**

अं आं सौः त्रैलोक्य मोहन चक्राय नमः॥

श्री यंत्र पूजा के संदर्भ में, जहाँ भी "*श्री पादुकां पूजयामि तर्पयामि नमः*" का उल्लेख है, वहाँ फूल और जल अर्पण करें।

बाहरी चौकोर क्षेत्र में दस सिद्धियाँ स्थित हैं और उनका स्थान **क्रमांक 1 से 10** पर है।

1. (ऐं ह्रीं श्रीं) (ऐं क्लीं सौः) अं आं सौः अं अणिमासिद्धि श्री पादुकां पूजयामि तर्पयामि नमः॥
2. (ऐं ह्रीं श्रीं) (ऐं क्लीं सौः) अं आं सौः लं लघिमासिद्धि श्री पादुकां पूजयामि तर्पयामि नमः॥
3. (ऐं ह्रीं श्रीं) (ऐं क्लीं सौः) अं आं सौः मं महिमासिद्धि श्री पादुकां पूजयामि तर्पयामि नमः॥
4. (ऐं ह्रीं श्रीं) (ऐं क्लीं सौः) अं आं सौः ईं ईशितवसिद्धि श्री पादुकां पूजयामि तर्पयामि नमः॥
5. (ऐं ह्रीं श्रीं) (ऐं क्लीं सौः) अं आं सौः वं वशित्व सिद्धि श्री पादुकां पूजयामि तर्पयामि नमः॥
6. (ऐं ह्रीं श्रीं) (ऐं क्लीं सौः) अं आं सौः पं प्राकाम्यसिद्धि श्री पादुकां पूजयामि तर्पयामि नमः॥
7. (ऐं ह्रीं श्रीं) (ऐं क्लीं सौः) अं आं सौः भुं भुक्तिसिद्धि श्री पादुकां पूजयामि तर्पयामि नमः॥
8. (ऐं ह्रीं श्रीं) (ऐं क्लीं सौः) अं आं सौः इं इच्छासिद्धि श्री पादुकां पूजयामि तर्पयामि नमः॥
9. (ऐं ह्रीं श्रीं) (ऐं क्लीं सौः) अं आं सौः पं प्राप्तिसिद्धि श्री पादुकां पूजयामि तर्पयामि नमः॥
10. (ऐं ह्रीं श्रीं) (ऐं क्लीं सौः) अं आं सौः सं सर्वकामसिद्धि श्री पादुकां पूजयामि तर्पयामि नमः॥

दूसरा वर्ग, जिसे मध्य परिसर भी कहा जाता है, मातृका देवियों का निवास स्थान है। उनका स्थान क्रमांक 1 से 8 हैं।

1. *(ऐं ह्रीं श्रीं) (ऐं क्लीं सौः) अं आं सौः आं ब्राह्मीमातृ श्री पादुकां पूजयामि तर्पयामि नमः॥*
2. *(ऐं ह्रीं श्रीं) (ऐं क्लीं सौः) अं आं सौः ईं माहेश्वरिमातृ श्री पादुकां पूजयामि तर्पयामि नमः॥*
3. *(ऐं ह्रीं श्रीं) (ऐं क्लीं सौः) अं आं सौः ऊं कौमारीमातृ श्री पादुकां पूजयामि तर्पयामि नमः॥*
4. *(ऐं ह्रीं श्रीं) (ऐं क्लीं सौः) अं आं सौः ॠं वैष्णवीमातृ श्री पादुकां पूजयामि तर्पयामि नमः॥*
5. *(ऐं ह्रीं श्रीं) (ऐं क्लीं सौः) अं आं सौः ॡं वाराहीमातृ श्री पादुकां पूजयामि तर्पयामि नमः॥*
6. *(ऐं ह्रीं श्रीं) (ऐं क्लीं सौः) अं आं सौः ऐं माहेन्द्रिमातृ श्री पादुकां पूजयामि तर्पयामि नमः॥*
7. *(ऐं ह्रीं श्रीं) (ऐं क्लीं सौः) अं आं सौः औं चामुण्डामातृ श्री पादुकां पूजयामि तर्पयामि नमः॥*
8. *(ऐं ह्रीं श्रीं) (ऐं क्लीं सौः) अं आं सौः अः महालक्ष्मीमातृ श्री पादुकां पूजयामि तर्पयामि नमः॥*

तीसरा वर्ग, जिसे अंतर्गत परिसर भी कहा जाता है, में मुद्रा देवियाँ स्थित हैं, और उनका स्थान क्रमांक 1 से 10 पर है।

1. *(ऐं ह्रीं श्रीं) (ऐं क्लीं सौः) अं आं सौः द्रां सर्वसङ्क्षोभिणी मुद्राशक्ति श्री पादुकां पूजयामि तर्पयामि नमः*
2. *(ऐं ह्रीं श्रीं) (ऐं क्लीं सौः) अं आं सौः द्रीं सर्वविद्राविणी मुद्राशक्ति श्री पादुकां पूजयामि तर्पयामि नमः*
3. *(ऐं ह्रीं श्रीं) (ऐं क्लीं सौः) अं आं सौः क्लीं सर्वाकर्षिणी मुद्राशक्ति श्री पादुकां पूजयामि तर्पयामि नमः*
4. *(ऐं ह्रीं श्रीं) (ऐं क्लीं सौः) अं आं सौः ब्लूं सर्ववशङ्करी मुद्राशक्ति श्री पादुकां पूजयामि तर्पयामि नमः*
5. *(ऐं ह्रीं श्रीं) (ऐं क्लीं सौः) अं आं सौः सः सर्वोन्मादिनी मुद्राशक्ति श्री पादुकां पूजयामि तर्पयामि नमः*
6. *(ऐं ह्रीं श्रीं) (ऐं क्लीं सौः) अं आं सौः क्रों सर्वमाहाङ्कुशा मुद्राशक्ति श्री पादुकां पूजयामि तर्पयामि नमः*
7. *(ऐं ह्रीं श्रीं) (ऐं क्लीं सौः) अं आं सौः ह्स्ख्फ्रें सर्वखेचरी मुद्राशक्ति श्री पादुकां पूजयामि तर्पयामि नमः*
8. *(ऐं ह्रीं श्रीं) (ऐं क्लीं सौः) अं आं सौः ह्सौः सर्वबीज मुद्राशक्ति श्री पादुकां पूजयामि तर्पयामि नमः*
9. *(ऐं ह्रीं श्रीं) (ऐं क्लीं सौः) अं आं सौः ऐं सर्वयोनि मुद्राशक्ति श्री पादुकां पूजयामि तर्पयामि नमः*

10. *(ऐं ह्रीं श्रीं) (ऐं क्लीं सौः) अं आं सौः ह्स्रैं ह्स्क्ल्रीं ह्स्रौः सर्वत्रिखण्डा मुद्राशक्ति श्री पादुकां पूजयामि तर्पयामि नमः*

समष्टि पूजा - इस आवरण की पूजा में श्रीचक्र को पुष्प अर्पण करें। **यहाँ तर्पण नहीं किया जाता।**

(ऐं ह्रीं श्रीं) (ऐं क्लीं सौः) एताः प्रकटयोगिन्यः त्रैलोक्यमोहनचक्रे स-मुद्राः ससिद्धयः सायुधाः सशक्तयः सवाहनाः सपरिवाराः सर्वोपचारैः संपूजिताः सन्तर्पिताः सन्तुष्टाः सन्तु नमः

अर्थ - *त्रैलोक्यमोहन चक्र में स्थित प्रकट योगिनियाँ, मुद्राओं, सिद्धियों, आयुधों, शक्तियों, वाहनों, और परिवारों के साथ, सभी उपचारों से पूजित, तृप्त, और संतुष्ट हों।*

1. ***(ऐं ह्रीं श्रीं) (ऐं क्लीं सौः) अं आं सौः त्रिपुराचक्रेश्वरी श्री पादुकां पूजयामि तर्पयामि नमः***
2. ***(ऐं ह्रीं श्रीं) (ऐं क्लीं सौः) अं अणिमासिद्धि श्री पादुकां पूजयामि तर्पयामि नमः***
3. ***(ऐं ह्रीं श्रीं) (ऐं क्लीं सौः) द्रां सर्वसंक्षोभिणी मुद्रा शक्ति श्री पादुकां पूजयामि तर्पयामि नमः***

अब **द्रां** का पाठ करें और **सर्वसंक्षोभिणी** मुद्रा दिखाएं। तीन बार इस मन्त्र का उच्चारण करके दीप, धूप, भोग और नीराजन अर्पित करें।

(ऐं ह्रीं श्रीं) (ऐं क्लीं सौः) मूलं (पंचदशी और षोडशी) श्रीललिता महात्रिपुरसुन्दरी पराभट्टारिका श्री पादुकां पूजयामि तर्पयामि नमः

अभीष्टसिद्धिं मे देहि शरणागतवत्सले।
भक्त्या समर्पये तुभ्यं प्रथमावरणार्चनम्॥

सामान्य अर्घ्य जल लें और मानसिक रुप से माँ ललिता के बाएँ हाथ में पहले आवरण की पूजा समर्पित करें।

(ऐं ह्रीं श्रीं) (ऐं क्लीं सौः) प्रकटयोगिनी मयूखायै प्रथमावरण
देवतासहितायै श्रीललिता महात्रिपुरसुन्दरी पराभट्टरिकायै नमः

योनि मुद्रा दिखाए और प्रणाम करें, कर्पूर विटिका दे।

इसके साथ ही प्रथम आवारण की पूजा संपन्न होती है।

द्वितीयावरण - सर्वाशापरिपूरक चक्र

श्रीचक्र द्वितीय आवरण देवता

1. **नाम** - सर्वाशापरिपूरक चक्र
2. **योगिनी** - 16 गुप्तयोगिनी
3. **आरेख** - 16 पंखुड़ी वाला कमल
4. **मुद्रा** - सर्वविद्राविणी
5. **मुद्रा मंत्र** - द्रीं
6. **चक्रेश्वरी** - त्रिपुरेशी
7. **बीजाक्षर** - ऐं क्लीं सौः

निम्नलिखित मंत्र का जप करें और दूसरे आवरण को पुष्प अर्पित करें।

ऐं क्लीं सौः सर्वाशापरिपूरक चक्राय नमः

नीचे दिए गए मंत्रों द्वारा षोडश दल कमल में स्थित योगिनियों को पूजन और तर्पण अर्पित करें। योगिनियों का स्थान 1 से 16 तक क्रमानुसार है।

1. (ऐं ह्रीं श्रीं) (ऐं क्लीं सौः) ऐं क्लीं सौः अं कामाकर्षिणी नित्याकलादेवी श्री पादुकां पूजयामि तर्पयामि नमः
2. (ऐं ह्रीं श्रीं) (ऐं क्लीं सौः) ऐं क्लीं सौः आं बुद्ध्याकर्षिणी नित्याकलादेवी श्री पादुकां पूजयामि तर्पयामि नमः

3. *(ऐं ह्रीं श्रीं) (ऐं क्लीं सौः) ऐं क्लीं सौः इं अहंकाराकर्षिणी नित्याकलादेवी श्री पादुकां पूजयामि तर्पयामि नमः*
4. *(ऐं ह्रीं श्रीं) (ऐं क्लीं सौः) ऐं क्लीं सौः ईं शब्दाकर्षिणी नित्याकलादेवी श्री पादुकां पूजयामि तर्पयामि नमः*
5. *(ऐं ह्रीं श्रीं) (ऐं क्लीं सौः) ऐं क्लीं सौः उं स्पर्शाकर्षिणी नित्याकलादेवी श्री पादुकां पूजयामि तर्पयामि नमः*
6. *(ऐं ह्रीं श्रीं) (ऐं क्लीं सौः) ऐं क्लीं सौः ऊं रूपाकर्षिणी नित्याकलादेवी श्री पादुकां पूजयामि तर्पयामि नमः*
7. *(ऐं ह्रीं श्रीं) (ऐं क्लीं सौः) ऐं क्लीं सौः ऋं रसाकर्षिणी नित्याकलादेवी श्री पादुकां पूजयामि तर्पयामि नमः*
8. *(ऐं ह्रीं श्रीं) (ऐं क्लीं सौः) ऐं क्लीं सौः ॠं गन्धाकर्षिणी नित्याकलादेवी श्री पादुकां पूजयामि तर्पयामि नमः*
9. *(ऐं ह्रीं श्रीं) (ऐं क्लीं सौः) ऐं क्लीं सौः ऌं चित्ताकर्षिणी नित्याकलादेवी श्री पादुकां पूजयामि तर्पयामि नमः*
10. *(ऐं ह्रीं श्रीं) (ऐं क्लीं सौः) ऐं क्लीं सौः ॡं धैर्याकर्षिणी नित्याकलादेवी श्री पादुकां पूजयामि तर्पयामि नमः*
11. *(ऐं ह्रीं श्रीं) (ऐं क्लीं सौः) ऐं क्लीं सौः एं स्मृत्याकर्षिणी नित्याकलादेवी श्री पादुकां पूजयामि तर्पयामि नमः*
12. *(ऐं ह्रीं श्रीं) (ऐं क्लीं सौः) ऐं क्लीं सौः ऐं नामाकर्षिणी नित्याकलादेवी श्री पादुकां पूजयामि तर्पयामि नमः*
13. *(ऐं ह्रीं श्रीं) (ऐं क्लीं सौः) ऐं क्लीं सौः ओं बीजाकर्षिणी नित्याकलादेवी श्री पादुकां पूजयामि तर्पयामि नमः*
14. *(ऐं ह्रीं श्रीं) (ऐं क्लीं सौः) ऐं क्लीं सौः औं आत्माकर्षिणी नित्याकलादेवी श्री पादुकां पूजयामि तर्पयामि नमः*
15. *(ऐं ह्रीं श्रीं) (ऐं क्लीं सौः) ऐं क्लीं सौः अं अमृताकर्षिणी नित्याकलादेवी श्री पादुकां पूजयामि तर्पयामि नमः*
16. *(ऐं ह्रीं श्रीं) (ऐं क्लीं सौः) ऐं क्लीं सौः अः शरीराकर्षिणी नित्याकलादेवी श्री पादुकां पूजयामि तर्पयामि नमः*

समष्टि पूजा - इस आवरण की पूजा में श्रीचक्र को पुष्प अर्पण करें। **यहाँ तर्पण नहीं किया जाता।**

(ऐं ह्रीं श्रीं) (ऐं क्लीं सौः) एताः गुप्तयोगिन्यः सर्वाशापरिपूरके चक्रे स-मुद्राः ससिद्धयः सायुधाः सशक्तयः सवाहनाः सपरिवाराः सर्वोपचारैः संपूजिताः सन्तर्पिताः सन्तुष्टाः सन्तु नमः॥

अर्थ - *सर्वाशापरिपूरक चक्र में स्थित गुप्त योगिनियाँ, मुद्राओं, सिद्धियों, आयुधों, शक्तियों, वाहनों, और परिवारों के साथ, सभी उपचारों से पूजित, तृप्त, और संतुष्ट हों।*

1. ***(ऐं ह्रीं श्रीं) (ऐं क्लीं सौः) ऐं क्लीं सौः त्रिपुरेशीचक्रेश्वरी श्री पादुकां पूजयामि तर्पयामि नमः***
2. ***(ऐं ह्रीं श्रीं) (ऐं क्लीं सौः) लं लघिमासिद्धि श्री पादुकां पूजयामि तर्पयामि नमः***
3. ***(ऐं ह्रीं श्रीं) (ऐं क्लीं सौः) द्रीं सर्व विद्राविणी मुद्रा शक्तिश्री पादुकां पूजयामि तर्पयामि नमः***

अब **द्रीं** का पाठ करें और **सर्वविद्राविणी** मुद्रा दिखाएं। तीन बार इस मन्त्र का उच्चारण करके दीप, धूप, भोग और नीराजन अर्पित करें।

(ऐं ह्रीं श्रीं) (ऐं क्लीं सौः) मूलं (पंचदशी और षोडशी) श्रीललिता महात्रिपुरसुन्दरी पराभट्टारिका श्री पादुकां पूजयामि तर्पयामि नमः।

अभीष्टसिद्धिं मे देहि शरणागतवत्सले।
भक्त्या समर्पये तुभ्यं द्वितीयावरण अर्चनम्॥

सामान्य अर्घ्य जल लें और मानसिक रूप से माँ ललिता के बाएँ हाथ में दूसरे आवरण की पूजा समर्पित करें।

(ऐं ह्रीं श्रीं) (ऐं क्लीं सौः) गुप्तयोगिनी मयूखायै द्वितीयावरण देवतासहितायै श्रीललिता महात्रिपुरसुन्दरी पराभट्टारिकायै नमः ||

योनि मुद्राएं बनाएं और प्रणाम करें, कर्पूर विटिका दे |

इसके साथ ही दूसरे आवरण की पूजा संपन्न होती है

तृतीयावरण – सर्वसंक्षोभण चक्र

श्रीचक्र तृतीय आवरण देवता

1. **नाम –** सर्वसंक्षोभण चक्र
2. **योगिनी -** 8 गुप्ततरयोगिनी
3. **आरेख -** 8 पंखुड़ी वाला कमल
4. **मुद्रा -** सर्वाकर्षिणी
5. **मुद्रा मंत्र** - क्लीं
6. **चक्रेश्वरी -** त्रिपुरसुंदरी
7. **बीजाक्षर -** ह्रीं क्लीं सौः

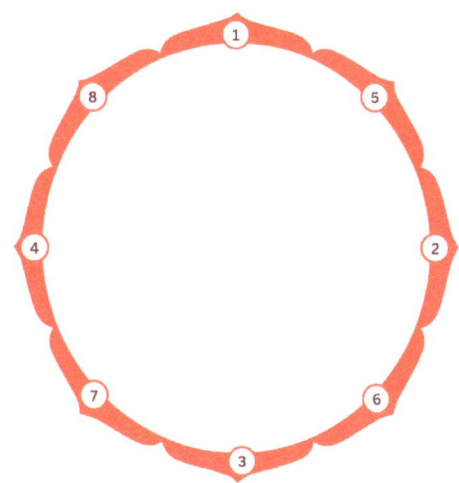

निम्नलिखित मंत्र का जप करें और अष्टदल कमल को पुष्प अर्पित करें।

ह्रीं क्लीं सौः सर्वसंक्षोभण चक्राय नमः॥

अष्टदल कमल में स्थित योगिनियों का पूजन और तर्पण चित्र में उल्लेखित क्रमानुसार (1- 8) नीचे दिए गए मंत्रों द्वारा करें।

1. *(ऐं ह्रीं श्रीं) (ऐं क्लीं सौः) ह्रीं क्लीं सौः कं खं गं घं ङं अनङ्गकुसुमादेवी श्री पादुकां पूजयामि तर्पयामि नमः*
2. *(ऐं ह्रीं श्रीं) (ऐं क्लीं सौः) ह्रीं क्लीं सौः चं छं जं झं ञं अनङ्गमेखलादेवी श्री पादुकां पूजयामि तर्पयामि नमः*
3. *(ऐं ह्रीं श्रीं) (ऐं क्लीं सौः) ह्रीं क्लीं सौः टं ठं डं ढं णं अनङ्गमदनादेवी श्री पादुकां पूजयामि तर्पयामि नमः*
4. *(ऐं ह्रीं श्रीं) (ऐं क्लीं सौः) ह्रीं क्लीं सौः तं थं दं धं नं अनङ्गमदनातुरादेवी श्री पादुकां पूजयामि तर्पयामि नमः*
5. *(ऐं ह्रीं श्रीं) (ऐं क्लीं सौः) ह्रीं क्लीं सौः पं फं बं भं मं अनङ्गरेखादेवी श्री पादुकां पूजयामि तर्पयामि नमः*
6. *(ऐं ह्रीं श्रीं) (ऐं क्लीं सौः) ह्रीं क्लीं सौः यं रं लं वं अनङ्गवेगिनीदेवी श्री पादुकां पूजयामि तर्पयामि नमः*
7. *(ऐं ह्रीं श्रीं) (ऐं क्लीं सौः) ह्रीं क्लीं सौः शं षं सं हं अनङ्गअङ्कुशादेवी श्री पादुकां पूजयामि तर्पयामि नमः*
8. *(ऐं ह्रीं श्रीं) (ऐं क्लीं सौः) ह्रीं क्लीं सौः ळं क्षं अनंगमालिनीदेवी श्री पादुकां पूजयामि तर्पयामि नमः*

समष्टि पूजा - इस आवरण की पूजा में श्रीचक्र को पुष्प अर्पण करें। **यहाँ तर्पण नहीं किया जाता।**

(ऐं ह्रीं श्रीं) (ऐं क्लीं सौः) एताः गुप्ततरयोगिन्यः सर्वसंक्षोभणे चक्रे स-मुद्राः ससिद्धयः सायुधाः सशक्तयः सवाहनाः सपरिवाराः सर्वोपचारैः संपूजिताः सन्तर्पिताः सन्तुष्टाः सन्तु नमः॥

***अर्थ* -** *ये गुप्ततर योगिनियाँ सर्वसंक्षोभण चक्र में स्थित हैं, मुद्राओं, सिद्धियों, आयुधों, शक्तियों, वाहनों, और परिवारों के साथ, सभी उपचारों से पूजित, तृप्त, और संतुष्ट हों।*

1. *(ऐं ह्रीं श्रीं) (ऐं क्लीं सौः) ह्रीं क्लीं सौः त्रिपुरसुन्दरीचक्रेश्वरी श्री पादुकां पूजयामि तर्पयामि नमः*
2. *(ऐं ह्रीं श्रीं) (ऐं क्लीं सौः) मं महिमासिद्धि श्री पादुकां पूजयामि तर्पयामि नमः*
3. *(ऐं ह्रीं श्रीं) (ऐं क्लीं सौः) क्लीं सर्वाकर्षिणी मुद्राशक्ति श्री पादुकां पूजयामि तर्पयामि नमः*

अब **क्लीं** का जप करें और **सर्वाकर्षिणी** मुद्रा दिखाएं। तीन बार इस मन्त्र का उच्चारण करके दीप, धूप, भोग और नीराजन अर्पित करें।

(ऐं ह्रीं श्रीं) (ऐं क्लीं सौः) मूलं (पंचदशी और षोडशी) श्रीललिता महात्रिपुरसुन्दरी
पराभट्टारिका श्री पादुकां पूजयामि तर्पयामि नमः

अभीष्टसिद्धिं मे देहि शरणागतवत्सले।
भक्त्या समर्पये तुभ्यं तृतीयावरण अर्चनम्॥

सामान्य अर्घ्य जल लें और मानसिक रुप से माँ ललिता के बाएँ हाथ में तीसरे आवरण की पूजा समर्पित करें।

(ऐं ह्रीं श्रीं) (ऐं क्लीं सौः) गुप्ततरयोगिनी मयूखायै तृतीयावरण देवतासहितायै
श्रीललिता महात्रिपुरसुन्दरी पराभट्टारिकायै नमः

योनि मुद्रा दिखाए और प्रणाम करें, कर्पूर विटिका दे |

इसके साथ ही तृतीय आवरण की पूजा संपन्न होती है।

चतुर्थावरण - सर्वसौभाग्यदायक चक्र

श्रीचक्र चतुर्थ आवरण देवता

- **नाम** - सर्वसौभाग्यदायक चक्र
- **योगिनी** - संप्रदाययोगिनी
- **आरेख** - 14 त्रिकोण
- **मुद्रा** - सववशङ्करी
- **मुद्रा मंत्र** - ब्लूं
- **चक्रेश्वरी** - त्रिपुरवासिनी
- **बीजाक्षर** - हैं हक्लीं हसौः

चतुर्थ आवरण में फूल अर्पित करें और निम्नलिखित मंत्र का जप करें।

हैं हक्लीं हसौः सर्वसौभाग्यदायक चक्राय नमः

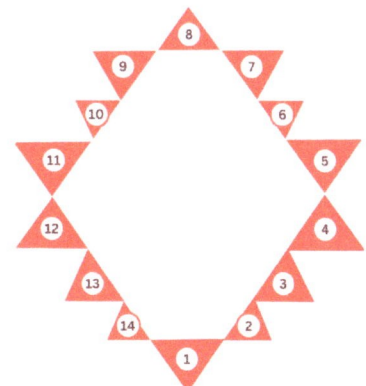

चतुर्थ आवरण में स्थित योगिनियों का पूजन और तर्पण चित्र के क्रमानुसार (1 से 14) नीचे दिए गए मंत्रों द्वारा करें।

1. ***(ऐं क्लीं सौः) (ऐं ह्रीं श्रीं) हैं ह्क्लीं ह्सौः कं सर्वसंक्षोभिणी शक्ति श्री पादुकां पूजयामि तर्पयामि नमः***
2. ***(ऐं क्लीं सौः) (ऐं ह्रीं श्रीं) हैं ह्क्लीं ह्सौः खं सर्वविद्राविणी शक्ति श्री पादुकां पूजयामि तर्पयामि नमः***
3. ***(ऐं क्लीं सौः) (ऐं ह्रीं श्रीं) हैं ह्क्लीं ह्सौः गं सर्वाकर्षिणी शक्ति श्री पादुकां पूजयामि तर्पयामि नमः***
4. ***(ऐं क्लीं सौः) (ऐं ह्रीं श्रीं) हैं ह्क्लीं ह्सौः घं सर्वाह्लादिनी शक्ति श्री पादुकां पूजयामि तर्पयामि नमः***
5. ***(ऐं क्लीं सौः) (ऐं ह्रीं श्रीं) हैं ह्क्लीं ह्सौः ङं सर्वसंमोहिनी शक्ति श्री पादुकां पूजयामि तर्पयामि नमः***
6. ***(ऐं क्लीं सौः) (ऐं ह्रीं श्रीं) हैं ह्क्लीं ह्सौः चं सर्वस्तंभिनी शक्ति श्री पादुकां पूजयामि तर्पयामि नमः***
7. ***(ऐं क्लीं सौः) (ऐं ह्रीं श्रीं) हैं ह्क्लीं ह्सौः छं सर्वजृंभिणी शक्ति श्री पादुकां पूजयामि तर्पयामि नमः***
8. ***(ऐं क्लीं सौः) (ऐं ह्रीं श्रीं) हैं ह्क्लीं ह्सौः जं सर्ववशङ्करी शक्ति श्री पादुकां पूजयामि तर्पयामि नमः***
9. ***(ऐं क्लीं सौः) (ऐं ह्रीं श्रीं) हैं ह्क्लीं ह्सौः झं सर्वरञ्जिनी शक्ति श्री पादुकां पूजयामि तर्पयामि नमः***
10. ***(ऐं क्लीं सौः) (ऐं ह्रीं श्रीं) हैं ह्क्लीं ह्सौः ञं सर्वोन्मादिनी शक्ति श्री पादुकां पूजयामि तर्पयामि नमः***
11. ***(ऐं क्लीं सौः) (ऐं ह्रीं श्रीं) हैं ह्क्लीं ह्सौः टं सर्वार्थसाधिनी शक्ति श्री पादुकां पूजयामि तर्पयामि नमः***
12. ***(ऐं क्लीं सौः) (ऐं ह्रीं श्रीं) हैं ह्क्लीं ह्सौः ठं सर्वसंपत्तिपूरणी शक्ति श्री पादुकां पूजयामि तर्पयामि नमः***
13. ***(ऐं क्लीं सौः) (ऐं ह्रीं श्रीं) हैं ह्क्लीं ह्सौः डं सर्वमन्त्रमयी शक्ति श्री पादुकां पूजयामि तर्पयामि नमः***
14. ***(ऐं क्लीं सौः) (ऐं ह्रीं श्रीं) हैं ह्क्लीं ह्सौः ढं सर्वद्वन्द्वक्षयङ्करी शक्ति श्री पादुकां पूजयामि तर्पयामि नमः***

समष्टि पूजा - इस आवरण की पूजा में श्रीचक्र को पुष्प अर्पण करें। **यहाँ तर्पण नहीं किया जाता।**

(ऐं क्लीं सौः) (ऐं ह्रीं श्रीं) एताः संप्रदाययोगिन्यः सर्वसौभाग्यदायके चक्रे स-मुद्राः ससिद्धयः सायुधाः सशक्तयः सवाहनाः सपरिवाराः सर्वोपचारैः संपूजिताः सन्तर्पिताः सन्तुष्टाः सन्तु नमः

अर्थ - *सर्वसौभाग्यदायक चक्र में स्थित संप्रदाय योगिनियाँ, मुद्राओं, सिद्धियों, आयुधों, शक्तियों, वाहनों, और परिवारों के साथ, सभी उपचारों से पूजित, तृप्त, और संतुष्ट हों।*

1. ***(ऐं क्लीं सौः) (ऐं ह्रीं श्रीं) हैं ह्क्लीं ह्सौः त्रिपुरवासिनिचक्रेश्वरी श्री पादुकां पूजयामि तर्पयामि नमः***
2. ***(ऐं क्लीं सौः) (ऐं ह्रीं श्रीं) ईं ईशित्वसिद्धि श्री पादुकां पूजयामि तर्पयामि नमः***
3. ***(ऐं क्लीं सौः) (ऐं ह्रीं श्रीं) ब्लूं सर्ववशङ्करी मुद्राशक्ति श्री पादुकां पूजयामि तर्पयामि नमः***

अब **ब्लूं** का जाप करें और **सर्ववशङ्करी** मुद्रा दिखाएं।इस मंत्र का तीन बार जाप करें और अब दीप, धूप, नैवेद्य, और निरांजन अर्पित करें

(ऐं ह्रीं श्रीं) (ऐं क्लीं सौः) मूलं (पंचदशी और षोडशी) श्रीललिता महात्रिपुरसुन्दरी पराभट्टारिका श्री पादुकां पूजयामि तर्पयामि नमः

अभीष्टसिद्धिं मे देहि शरणागतवत्सले
भक्त्या समर्पये तुभ्यं चतुर्थ आवरण अर्चनम्

सामान्य अर्घ्य जल लें और मानसिक रूप से माँ ललिता के बाएँ हाथ में चतुर्थ आवरण की पूजा समर्पित करें।

(ऐं ह्रीं श्रीं) (ऐं क्लीं सौः) संप्रदाययोगिनी मयूखायै चतुर्थ आवरण देवतासहितायै
श्रीललिता महात्रिपुरसुन्दरी पराभट्टरिकायै नमः

योनि मुद्रा दिखाए और प्रणाम करें, कर्पूर विटिका दे

इसके साथ ही चतुर्थ आवारण की पूजा संपन्न होती है

पंचमावरण - सर्वार्थसाधक चक्र

श्रीचक्र पंचम आवरण देवता

- **नाम** - सर्वार्थसाधक चक्र
- **योगिनी** - 10 कुलोत्तीर्णयोगिनी
- **आरेख** - 10 बाहरी त्रिकोण
- **मुद्रा** - सर्वोन्मादिनी
- **मुद्रा मंत्र** - सः
- **चक्रेश्वरी** - त्रिपुराश्री
- **बीजाक्षर** - ह्सैं हस्क्लीं ह्स्सौः

पाँचवें आवरण में फूल अर्पित करें और निम्नलिखित मंत्र का जप करें।

ह्सैं हस्क्लीं ह्स्सौः सर्वार्थसाधकचक्राय नमः

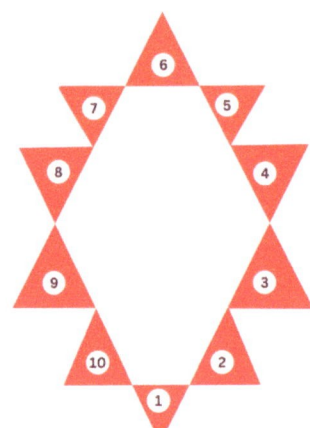

पाँचवें आवरण में स्थित योगिनियों का पूजन और तर्पण चित्र के क्रमानुसार (1 से 10) नीचे दिए गए मंत्रों द्वारा करें।

1. *(ऐं ह्रीं श्रीं) (ऐं क्लीं सौः) ह्सैं हस्क्लीं ह्सौः णं सर्वसिद्धिप्रदा देवी श्री पादुकां पूजयामि तर्पयामि नमः*
2. *(ऐं ह्रीं श्रीं) (ऐं क्लीं सौः) ह्सैं हस्क्लीं ह्सौः तं सर्वसंपत्प्रदा देवी श्री पादुकां पूजयामि तर्पयामि नमः*
3. *(ऐं ह्रीं श्रीं) (ऐं क्लीं सौः) ह्सैं हस्क्लीं ह्सौः थं सर्वप्रियङ्करी देवीश्री पादुकां पूजयामि तर्पयामि नमः*
4. *(ऐं ह्रीं श्रीं) (ऐं क्लीं सौः) ह्सैं हस्क्लीं ह्सौः दं सर्वमङ्गलकारिणी देवी श्री पादुकां पूजयामि तर्पयामि नमः*
5. *(ऐं ह्रीं श्रीं) (ऐं क्लीं सौः) ह्सैं हस्क्लीं ह्सौः धं सर्वकामप्रदा देवी श्री पादुकां पूजयामि तर्पयामि नमः*
6. *(ऐं ह्रीं श्रीं) (ऐं क्लीं सौः) ह्सैं हस्क्लीं ह्सौः नं सर्वदुःखविमोचिनी देवी श्री पादुकां पूजयामि तर्पयामि नमः*
7. *(ऐं ह्रीं श्रीं) (ऐं क्लीं सौः) ह्सैं हस्क्लीं ह्सौः पं सर्वमृत्युप्रशमनी देवी श्री पादुकां पूजयामि तर्पयामि नमः*
8. *(ऐं ह्रीं श्रीं) (ऐं क्लीं सौः) ह्सैं हस्क्लीं ह्सौः फं सर्वविघ्ननिवारिणी देवी श्री पादुकां पूजयामि तर्पयामि नमः*
9. *(ऐं ह्रीं श्रीं) (ऐं क्लीं सौः) ह्सैं हस्क्लीं ह्सौः बं सर्वाङ्गसुन्दरी देवी श्री पादुकां पूजयामि तर्पयामि नमः*
10. *(ऐं ह्रीं श्रीं) (ऐं क्लीं सौः) ह्सैं हस्क्लीं ह्सौः भं सर्वसौभाग्यदायिनी देवी श्री पादुकां पूजयामि तर्पयामि नमः*

समष्टि पूजा - इस आवरण की पूजा में श्रीचक्र को पुष्प अर्पण करें। **यहाँ तर्पण नहीं किया जाता।**

(ऐं ह्रीं श्रीं) (ऐं क्लीं सौः) एताः कुलोत्तीर्णयोगिन्यः सर्वार्थसाधकचक्रे स-मुद्राः ससिद्धयः सायुधाः सशक्तयः सवाहनाः सपरिवाराः सर्वोपचारैः संपूजिताः सन्तर्पिताः सन्तुष्टाः सन्तु नमः॥

अर्थ *- सर्वार्थसाधक चक्र में स्थित कुलोत्तीर्ण योगिनियाँ, मुद्राओं, सिद्धियों, आयुधों, शक्तियों, वाहनों, और परिवारों के साथ, सभी उपचारों से पूजित, तृप्त, और संतुष्ट हों।*

1. ***(ऐं ह्रीं श्रीं) (ऐं क्लीं सौः) ह्सैं ह्स्क्लीं ह्स्सौः त्रिपुराश्रीचक्रेश्वरी श्री पादुकां पूजयामि तर्पयामि नमः***
2. ***(ऐं ह्रीं श्रीं) (ऐं क्लीं सौः) वं वशित्वसिद्धि श्री पादुकां पूजयामि तर्पयामि नमः***
3. ***(ऐं ह्रीं श्रीं) (ऐं क्लीं सौः) सः सर्वोन्मादिनि मुद्राशक्ति श्री पादुकां पूजयामि तर्पयामि नमः***

अब **सः** का पाठ करें और **सर्वोन्मादिनि** मुद्रा दिखाएं। तीन बार इस मन्त्र का उच्चारण करके दीप, धूप, भोग और नीराजन अर्पित करें।

(ऐं ह्रीं श्रीं) (ऐं क्लीं सौः) मूलं (पंचदशी और षोडशी) श्रीललिता महात्रिपुरसुन्दरी
पराभट्टारिका श्री पादुकां पूजयामि तर्पयामि नमः

अभीष्टसिद्धिं मे देहि शरणागतवत्सले।
भक्त्या समर्पये तुभ्यं पंचम आवारण अर्चनम्॥

सामान्य अर्घ्य से जल लें और मानसिक रुप से माँ ललिता के बाएँ हाथ में पाँचवें आवरण की पूजा समर्पित करें।

(ऐं ह्रीं श्रीं) (ऐं क्लीं सौः) कुलोत्तीर्णयोगिनी मयूखायै पंचम आवारण
देवतासहितायै श्रीललिता महात्रिपुरसुन्दरी पराभट्टरिकायै नमः

योनि मुद्रा दिखाए और प्रणाम करें, कर्पूर विटिका दे

इसके साथ ही पंचम आवरण की पूजा संपन्न होती है।

षष्टावरण – सर्वरक्षाकर चक्र

श्रीचक्र षष्टम आवरण देवता

- **नाम** – सर्वरक्षाकर चक्र
- **योगिनी** - निगर्भयोगिनी
- **आरेख** - 10 त्रिकोण
- **मुद्रा** - सर्वमहांकुशा
- **मुद्रा मंत्र** - क्रों
- **चक्रेश्वरी** - त्रिपुरमालिनी

- **बीजाक्षर -** ह्रीं क्लीं ब्लें

छठे आवरण में फूल अर्पित करें और निम्नलिखित मंत्र का जाप करें।

ह्रीं क्लीं ब्लें सर्वरक्षाकरचक्राय नमः॥

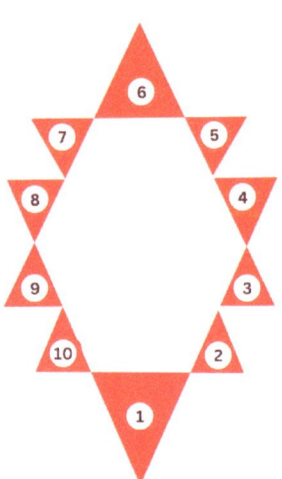

नीचे दिए गए मंत्रों द्वारा **छठे आवरण** में स्थित योगिनियों को पूजन और तर्पण चित्र में उल्लेखित क्रमानुसार (1 से 10) करना चाहिए।

1. *(ऐं ह्रीं श्रीं) (ऐं क्लीं सौः) ह्रीं क्लीं ब्लें मं सर्वज्ञादेवी श्री पादुकां पूजयामि तर्पयामि नमः*
2. *(ऐं ह्रीं श्रीं) (ऐं क्लीं सौः) ह्रीं क्लीं ब्लें यं सर्वशक्तिदेवी श्री पादुकां पूजयामि तर्पयामि नमः*
3. *(ऐं ह्रीं श्रीं) (ऐं क्लीं सौः) ह्रीं क्लीं ब्लें रं सर्वैश्वर्यप्रदादेवी श्री पादुकां पूजयामि तर्पयामि नमः*
4. *(ऐं ह्रीं श्रीं) (ऐं क्लीं सौः) ह्रीं क्लीं ब्लें लं सर्वज्ञानमयीदेवी श्री पादुकां पूजयामि तर्पयामि नमः*
5. *(ऐं ह्रीं श्रीं) (ऐं क्लीं सौः) ह्रीं क्लीं ब्लें वं सर्वव्याधिविनाशिनी देवी श्री पादुकां पूजयामि तर्पयामि नमः*
6. *(ऐं ह्रीं श्रीं) (ऐं क्लीं सौः) ह्रीं क्लीं ब्लें शं सर्वाधारस्वरूपादेवी श्री पादुकां पूजयामि तर्पयामि नमः*
7. *(ऐं ह्रीं श्रीं) (ऐं क्लीं सौः) ह्रीं क्लीं ब्लें षं सर्वपापहरादेवी श्री पादुकां पूजयामि तर्पयामि नमः*
8. *(ऐं ह्रीं श्रीं) (ऐं क्लीं सौः) ह्रीं क्लीं ब्लें सं सर्वानिन्दमयीदेवि श्री पादुकां पूजयामि तर्पयामि नमः*
9. *(ऐं ह्रीं श्रीं) (ऐं क्लीं सौः) ह्रीं क्लीं ब्लें हं सर्वरक्षास्वरूपिणीदेवी श्री पादुकां पूजयामि तर्पयामि नमः*
10. *(ऐं ह्रीं श्रीं) (ऐं क्लीं सौः) ह्रीं क्लीं ब्लें क्षं सर्वेप्सितफलप्रदादेवी श्री पादुकां पूजयामि तर्पयामि नमः*

समष्टि पूजा - इस आवरण की पूजा में श्रीचक्र को पुष्प अर्पण करें। **यहाँ तर्पण नहीं किया जाता।**

(ऐं ह्रीं श्रीं) (ऐं क्लीं सौः) एताः निगर्भयोगिन्यः सर्वरक्षाकरचक्रे स-मुद्राः ससिद्धयः सायुधाः सशक्तयः सवाहनाः सपरिवाराः सर्वोपचारैः संपूजिताः सन्तर्पिताः सन्तुष्टाः सन्तु नमः

अर्थ - *सर्वरक्षाकर चक्र में स्थित निगर्भ योगिनियाँ, मुद्राओं, सिद्धियों, आयुधों, शक्तियों, वाहनों, और परिवारों के साथ, सभी उपचारों से पूजित, तृप्त, और संतुष्ट हों।*

1. ***ऐं ह्रीं श्रीं) (ऐं क्लीं सौः) ह्रीं क्लीं ब्लें त्रिपुरमालिनीचक्रेश्वरी श्री पादुकां पूजयामि तर्पयामि नमः***
2. ***(ऐं ह्रीं श्रीं) (ऐं क्लीं सौः) पं प्राकाम्यसिद्धि श्री पादुकां पूजयामि तर्पयामि नमः***
3. ***(ऐं ह्रीं श्रीं) (ऐं क्लीं सौः) क्रों सर्वमहाङ्कुशा मुद्राशक्ति श्री पादुकां पूजयामि तर्पयामि नमः***

अब **क्रों** का पाठ करें और **सर्वमहाङ्कुशा** मुद्रा दिखाएं। तीन बार इस मन्त्र का उच्चारण करके दीप, धूप, भोग और नीराजन अर्पित करें।

(ऐं ह्रीं श्रीं) (ऐं क्लीं सौः) मूलं (पंचदशी और षोडशी) श्रीललिता महात्रिपुरसुन्दरी पराभट्टारिका श्री पादुकां पूजयामि तर्पयामि नमः

अभीष्टसिद्धिं मे देहि शरणागतवत्सले।
भक्त्या समर्पये तुभ्यं षष्ठं आवारण अर्चनम्॥

सामान्य अर्घ्य से जल लें और मानसिक रूप से माँ ललिता के बाएँ हाथ में छठे आवरण की पूजा समर्पित करें।

(ऐं ह्रीं श्रीं) (ऐं क्लीं सौः) निगर्भयोगिनी मयूखायै षष्ठं आवरण देवतासहितायै श्रीललिता महात्रिपुरसुन्दरी परभट्टरिकायै नमः

योनि मुद्रा दिखाए और प्रणाम करें, कर्पूर विटिका दे।

इसके साथ ही षष्ठं आवरण की पूजा संपन्न होती है।

सप्तमावरण – सर्वरोगहर चक्र

श्रीचक्र सप्तम आवरण देवता

- **नाम** - सर्वरोगहरचक्र
- **आरेख** - 8 त्रिकोण
- **मुद्रा** - सर्वखेचरी
- **मुद्रा मंत्र** - ह्स्ख्फ्रें
- **चक्रेश्वरी** - त्रिपुरसिद्धा
- **बीजाक्षर** - ह्रीं श्रीं सौः

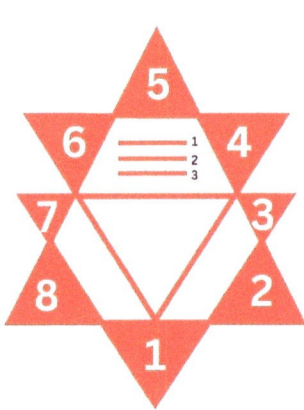

निम्नलिखित मंत्र का जप करें और सप्तम आवरण में पुष्प अर्पित करें, जो वाग्देवियों का स्थान है। वाग्देवियों नें ललिता सहस्त्रनाम की रचना की है।

ह्रीं श्रीं सौः सर्वरोगहरचक्राय नमः

सप्तम आवरण में स्थित योगिनियों को पूजन और तर्पण चित्र के क्रमानुसार (1 से 8) नीचे दिए गए मंत्रों द्वारा करें।

1. ***(ऐं ह्रीं श्रीं) (ऐं क्लीं सौः) ह्रीं श्रीं सौः अं आं इं ईं उं ऊं ऋं ॠं लृं ॡं एं ऐं ओं औं अं अः ब्लूं वशिनी वाग्देवता श्री पादुकां पूजयामि तर्पयामि नमः***
2. ***(ऐं ह्रीं श्रीं) (ऐं क्लीं सौः) ह्रीं श्रीं सौः कं खं गं घं ङं क्ल्ह्रीं कामेश्वरी वाग्देवता श्री पादुकां पूजयामि तर्पयामि नमः***
3. ***(ऐं ह्रीं श्रीं) (ऐं क्लीं सौः) ह्रीं श्रीं सौः चं छं जं झं ञं न्व्लीं मोदिनी वाग्देवता श्री पादुकां पूजयामि तर्पयामि नमः***

4. ***(ऐं ह्रीं श्रीं) (ऐं क्लीं सौः) ह्रीं श्रीं सौः टं ठं डं ढं णं य्लूं विमला वाग्देवता श्री पादुकां पूजयामि तर्पयामि नमः***
5. ***(ऐं ह्रीं श्रीं) (ऐं क्लीं सौः) ह्रीं श्रीं सौः तं थं दं धं नं ज्म्रीं अरुणा वाग्देवता श्री पादुकां पूजयामि तर्पयामि नमः***
6. ***(ऐं ह्रीं श्रीं) (ऐं क्लीं सौः) ह्रीं श्रीं सौः पं फं बं भं मं ह्स्ल्व्यूं जयिनि वाग्देवता श्री पादुकां पूजयामि तर्पयामि नमः***
7. ***(ऐं ह्रीं श्रीं) (ऐं क्लीं सौः) ह्रीं श्रीं सौः यं रं लं वं झ्म्र्यूं सर्वेश्वरी वाग्देवता श्री पादुकां पूजयामि तर्पयामि नमः***
8. ***(ऐं ह्रीं श्रीं) (ऐं क्लीं सौः) ह्रीं श्रीं सौः शं षं सं हं ळं क्षं क्ष्म्रीं कौलिनी वाग्देवता श्री पादुकां पूजयामि तर्पयामि नमः***

समष्टि पूजा - इस आवरण की पूजा में श्रीचक्र को पुष्प अर्पण करें। **यहाँ तर्पण नहीं किया जाता।**

(ऐं ह्रीं श्रीं) (ऐं क्लीं सौः) एताः रहस्ययोगिन्यः सर्वरोगहरेचक्रे स-मुद्राः स-सिद्धयः सायुधाः सशक्तयः सवाहनाः सपरिवाराः सर्वोपचारैः संपूजिताः सन्तर्पिताः सन्तुष्टाः सन्तु नमः॥

अर्थ - *सर्वरोगहर चक्र में स्थित रहस्य योगिनियाँ, मुद्राओं, सिद्धियों, आयुधों, शक्तियों, वाहनों, और परिवारों के साथ, सभी उपचारों से पूजित, तृप्त, और संतुष्ट हों।*

1. ***(ऐं ह्रीं श्रीं) (ऐं क्लीं सौः) ह्रीं श्रीं सौः त्रिपुरसिद्धाचक्रेश्वरी श्री पादुकां पूजयामि तर्पयामि नमः***
2. ***(ऐं ह्रीं श्रीं) (ऐं क्लीं सौः) भुं भुक्तिसिद्धि श्री पादुकां पूजयामि तर्पयामि नमः***
3. ***(ऐं ह्रीं श्रीं) (ऐं क्लीं सौः) ह्स्ख्फ्रेम् सर्वखेचरी मुद्राशक्ति श्री पादुकां पूजयामि तर्पयामि नमः***

अब **ह्स्ख्फ्रेम्** का पाठ करें और **सर्वखेचरी** मुद्रा दिखाएं। तीन बार इस मन्त्र का उच्चारण करके दीप, धूप, भोग और नीराजन अर्पित करें।

(ऐं ह्रीं श्रीं) (ऐं क्लीं सौः) मूलं (पंचदशी) और षोडशी) श्रीललिता महात्रिपुरसुन्दरी
पराभट्टारिका श्री पादुकां पूजयामि तर्पयामि नमः/

अभीष्टसिद्धिं मे देहि शरणागतवत्सले।
भक्त्या समर्पये तुभ्यं सप्तम आवरण अर्चनम्॥

सामान्य अर्घ्य से जल लें, मानसिक रूप से सातवें आवरण की पूजा करें, और जल को ललिता के बाएँ हाथ में अर्पित करें।

(ऐं ह्रीं श्रीं) (ऐं क्लीं सौः) रहस्य योगिनी मयूखायै सप्तम आवरण देवतासहितायै श्रीललिता
महात्रिपुरसुन्दरी पराभट्टारिकायै नमः

योनि मुद्रा दिखाए और प्रणाम करें कर्पूर विटिका दे।

इसके साथ ही सप्तम आवरण की पूजा संपन्न होती है।

अष्टमावरण – सर्वसिद्धिप्रदचक्र

श्रीचक्र अष्टम आवरण देवता

- **नाम** - सर्वसिद्धिप्रदचक्र
- **योगिनी** - अतिरहस्ययोगिनी
- **आरेख** - 1 त्रिकोण
- **मुद्रा** - सर्वबीज
- **मुद्रा मंत्र** - ह्सौः
- **चक्रेश्वरी** - त्रिपुरांबा
- **बीजाक्षर** - ह्स्रैं ह्स्क्ल्रीं ह्स्रौः

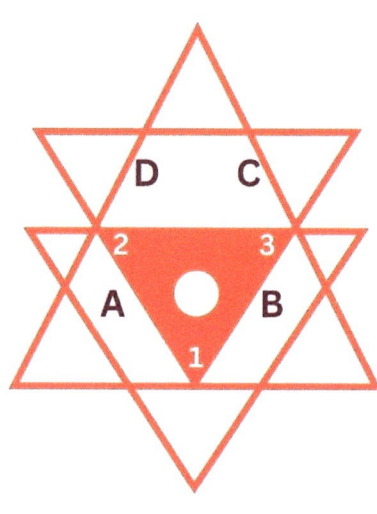

आठवें आवरण की पूजा दूसरों से अलग है। पूजा दो भागों में की जाती है:

- **पहला भाग** - महाकामेश्वर और महाकामेश्वरी के चार आयुधों की पूजा करें।
- **दूसरा भाग** - तीन योगिनियों की पूजा करें।

पूजा विधि

a. **आयुधार्चन**

कामेश्वर और कामेश्वरी के आयुधों की पूजा चित्र में निर्दिष्ट स्थानों A, B, C, और D पर क्रमानुसार करनी चाहिए। आयुधार्चना मंत्रों से पहले आवरण बीजाक्षरों का उपयोग नहीं किया जाता है। आयुध इस प्रकार से हैं - पुष्प बाण, चाप, अंकुश और पाश।

1. *(ऐं ह्रीं श्रीं) (ऐं क्लीं सौः) यां रां लां वां सां द्रां द्रीं क्लीं ब्लूं सः सर्वजम्भनेभ्यो कामेश्वरी कामेश्वर बाणेभ्यो नमः। बाणशक्ति श्री पादुकां पूजयामि तर्पयामि नमः*
2. *(ऐं ह्रीं श्रीं) (ऐं क्लीं सौः) थं धं सर्वसम्मोहनाभ्यां कामेश्वरी कामेश्वर धनुर्भ्यां नमः। धनूः शक्ति श्री पादुकां पूजयामि तर्पयामि नमः*
3. *(ऐं ह्रीं श्रीं) (ऐं क्लीं सौः) ह्रीं आं सर्ववशीकरणाभ्यां कामेश्वरी कामेश्वर पाशाभ्यां नमः। पाशशक्तिश्री पादुकां पूजयामि तर्पयामि नमः*
4. *(ऐं ह्रीं श्रीं) (ऐं क्लीं सौः) क्रों क्रों सर्वस्तम्भनाभ्यां कामेश्वरी कामेश्वर अङ्कुशाभ्यां नमः। अङ्कुशशक्ति श्री पादुकां पूजयामि तर्पयामि नमः*

b. आठवें आवरण पूजा

श्री चक्र में फूल अर्पित करें और निम्नलिखित मंत्र का जप करें। **यहाँ तर्पण नहीं किया जाता है**

(ऐं ह्रीं श्रीं) (ऐं क्लीं सौः) हस्रैं हस्क्ल्रीं हस्रौः सर्वसिद्धिप्रदचक्राय नमः

तीन देवियों को चित्र में दिखाए गए स्थानों 1, 2, और 3 पर पूजना चाहिए। **पंचदशी** मंत्र के तीन कूटों को इन तीन मंत्रों के आगे उपसर्ग के रूप में उपयोग करना चाहिए। पूजा की जाने वाली देवियाँ हैं - **महाकामेश्वरी**, **महावज्रेश्वरी**, और **महाभगमालिनी**।

1. *(ऐं ह्रीं श्रीं) (ऐं क्लीं सौः) ऐं - क ए ई ल ह्रीं - अग्निचक्रे कामगिरिपीठे मित्रेशनाथ नवयोनि चक्रात्मक आत्मतत्त्व सृष्टिकृत्य जाग्रत् दशा अधिष्ठायक इच्छाशक्ति वाग्भवात्मक वागीश्वरी स्वरूप ब्रह्मात्म शक्ति महाकामेश्वरी श्री पादुकां पूजयामि तर्पयामि नमः*
2. *(ऐं ह्रीं श्रीं) (ऐं क्लीं सौः) क्लीं - ह स क ह ल ह्रीं - सूर्यचक्रे जालन्धरपीठे षष्ठीशनाथ दशारद्वय चतुर्दशार चक्रात्मक विद्यातत्व स्थितिकृत्य स्वन दशा अधिष्ठायक ज्ञानशक्ति कामराजात्मक कामकलास्वरूप विष्ण्वात्मशक्ति महावज्रेश्वरी श्री पादुकां पूजयामि तर्पयामि नमः*
3. *(ऐं ह्रीं श्रीं) (ऐं क्लीं सौः) सौः - स क ल ह्रीं - सोमचक्रे पूर्णगिरिपीठे उड्डीशनाथ अष्टदल षोडशदल चतुरश्र चक्रात्मक शिवतत्त्व संहारकृत्य सुषुप्ति दशा अधिष्ठायक क्रियाशक्ति शक्तिबीजात्मक परापरशक्ति स्वरूप रुद्रात्मशक्ति महाभगमालिनी श्री पादुकां पूजयामि तर्पयामि नमः*

इस अर्चना को बिंदु पर करना चाहिए।

(ऐं ह्रीं श्रीं) (ऐं क्लीं सौः) ऐं - क ए ई ल ह्रीं - क्लीं - ह स क ल ह्रीं - सौः - स क ल ह्रीं - परब्रह्मचक्रे महोड्याणपीठे चर्यानन्दताथ समस्तचक्रात्मक सपरिवार परमतत्व सृष्टि स्थिति संहारकृत्य तुरीय दशाधिष्ठायक इच्छा ज्ञान क्रिया शान्ताशक्ति वाग्भव कामराज शक्ति बीजात्मक परमशक्ति स्वरूप परब्रह्मशक्ति श्री ललिता महात्रिपुरसुन्दरी श्री पादुकां पूजयामि तर्पयामि नमः

समष्टि पूजा - इस आवरण की पूजा में श्रीचक्र को पुष्प अर्पण करें। **यहाँ तर्पण नहीं किया जाता।**

(ऐं ह्रीं श्रीं) (ऐं क्लीं सौः) एताः अतिरहस्ययोगिन्यः सर्वसिद्धिप्रदे चक्रे स-मुद्राः ससिद्धयः सायुधाः सशक्तयः सवाहनाः सपरिवाराः सर्वोपचारैः संपूजिताः सन्तर्पिताः सन्तुष्टाः सन्तु नमः॥

अर्थ - *सर्वसिद्धिप्रद चक्र में स्थित अतिरहस्य योगिनियाँ, मुद्राओं, सिद्धियों, आयुधों, शक्तियों, वाहनों, और परिवारों के साथ, सभी उपचारों से पूजित, तृप्त, और संतुष्ट हों।*

1. ***(ऐं ह्रीं श्रीं) (ऐं क्लीं सौः) ह्स्रैं ह्स्क्ल्रीं ह्स्रौः त्रिपुराम्बाचक्रेश्वरी श्री पादुकां पूजयामि तर्पयामि नमः***
2. ***(ऐं ह्रीं श्रीं) (ऐं क्लीं सौः) इं इच्छासिद्धि श्री पादुकां पूजयामि तर्पयामि नमः***
3. ***(ऐं ह्रीं श्रीं) (ऐं क्लीं सौः) ह्सौः सर्वबीज मुद्राशक्ति श्री पादुकां पूजयामि तर्पयामि नमः***

अब **"ह्सौः"** मंत्र का जप करें और **“सर्वबीज”** मुद्रा दिखाएँ। इस मंत्र का तीन बार जप करें और अब दीप, धूप, भोजन, और निराजन अर्पित करें।

(ऐं ह्रीं श्रीं) (ऐं क्लीं सौः) मूलं (पंचदशी और षोडशी) श्रीललिता महात्रिपुरसुन्दरी पराभट्टारिका श्री पादुकां पूजयामि तर्पयामि नमः|
अभीष्टसिद्धिं मे देहि शरणागतवत्सले।
भक्त्या समर्पये तुभ्यं अष्टम आवरण अर्चनम् ॥

सामान्य अर्घ्य से जल लें और मानसिक रूप से माँ ललिता के बाएँ हाथ में आठवें आवरण की पूजा समर्पित करें।

(ऐं ह्रीं श्रीं) (ऐं क्लीं सौः) अतिरहस्य योगिनी मयूखायै अष्टम आवरण देवतासहितायै श्रीललिता महात्रिपुरसुन्दरी पराभट्टरिकायै नमः

योनि मुद्रा दिखाए और प्रणाम करें, कर्पूर विटिका दे।

इसके साथ ही अष्टम आवरण की पूजा संपन्न होती है।

नवमावरणम् – सर्वानन्दमय चक्र

श्रीचक्र नवम आवरण देवता

- **नाम** – सर्वानन्दमय चक्र
- **योगिनी** - 1 परापरातिरहस्ययोगिनी
- **आरेख** - 1 बिन्दु
- **मुद्रा** - सर्वयोनि अथवा सर्वत्रिखण्डा
- **मुद्रा मंत्र** - ऐं अथवा **ह्स्रैं ह्स्क्ल्रीं ह्स्रौः**
- **चक्रेश्वरी** - श्री महात्रिपुरसुन्दरी
- **बीजाक्षर** - पंचदशी/ षोडशी

नौवाँ आवरण श्री चक्र का **अंतिम आवरण** है और यहाँ केवल ललितांबिका की पूजा की जाती है। निम्नलिखित मंत्र का जप करते हुए श्री चक्र के बिंदु पर फूल अर्पित करें।

(पञ्चदशी) सर्वानन्दमयचक्राय नमः

निम्नलिखित मंत्र के लिए बिन्दु पर तीन बार पूजन और तर्पण करना चाहिए।

'मूलं' श्री ललिता महात्रिपुरसुन्दरी पराभट्टारिका श्री पादुकां पूजयामि तर्पयामि नमः

इस आवरण में कोई समष्टि पूजा नहीं है। पूजन और तर्पण दोनों ही केवल ललिताम्बिका को ही अर्पित किए जाते हैं।

एषा परापरातिरहस्ययोगिनी सर्वानन्दमयेचक्रे स-मुद्राः ससिद्धयः सायुधाः सशक्तयः सवाहनाः सपरिवाराः सर्वोपचारैः संपूजिताः सन्तर्पिताः सन्तुष्टाऽस्तु नमः॥

अर्थ - सर्वानंदमय चक्र में स्थित परम गोपनीय योगिनी, मुद्राओं, सिद्धियों, आयुधों, शक्तियों, वाहनों, और परिवारों के साथ, सभी उपचारों से पूजित, तृप्त, और संतुष्ट हो।

इन मंत्रों के लिए, इस बिंदु पर पूजा और तर्पण दोनों करना चाहिए
1. (पञ्चदशी) श्री महात्रिपुरसुन्दरीचक्रेश्वरी श्री पादुकां पूजयामि तर्पयामि नमः
2. (ऐं ह्रीं श्रीं) (ऐं क्लीं सौः) पं प्राप्तिसिद्धि श्री पादुकां पूजयामि तर्पयामि नमः
3. (ऐं ह्रीं श्रीं) (ऐं क्लीं सौः) ऐं सर्वयोनि मुद्राशक्ति श्री पादुकां पूजयामि तर्पयामि नमः

अब "ऐं" का जप करें और **योनि मुद्रा** दिखाएँ।

यह विधि केवल षोडशी उपासक के लिए है।
1. (ऐं ह्रीं श्रीं) (ऐं क्लीं सौः) सर्वानन्दमये चक्रे महोड्याण पीठे चर्यानन्दनाथात्मक तुरियातीतदशा अधिष्ठ शान्त्यातीत कलात्मक प्रकाश विमर्श सामरस्यात्मक परब्रह्मस्वरूपिणी परामृतशक्तिः सर्वमन्त्र सर्वपीठेश्वरी सर्वयोगेश्वरी सर्ववागीश्वरी सर्वसिद्धेश्वरी सर्ववीरेश्वरी सकलजगदुत्पत्ति मातृका सचक्रा सद् सासना सायुधा सशक्तिः सवाहना सचक्रेशिका परया अपरया परापरया सपर्यया सर्वोपचारैः सम्पू सन्तर्पिता सन्तुष्टाऽस्तु नमः
2. (ऐं ह्रीं श्रीं) सं सर्वकामसिद्धि श्री पादुकां पूजयामि तर्पयामि नमः

निम्नलिखित मंत्र सभी उपासकों के लिए सामान्य हैं।
(ऐं ह्रीं श्रीं) (ऐं क्लीं सौः) मूलं (पंचदशी और षोडशी) श्रीललिता महात्रिपुरसुन्दरी पराभट्टारिका श्री पादुकां पूजयामि तर्पयामि नमः

अभीष्टसिद्धिं मे देहि शरणागतवत्सले।
भक्त्या समर्पये तुभ्यं नवम आवरण अर्चनम्॥

सामान्य अर्घ्य जल लें और मानसिक रूप से माँ ललिता के बाएँ हाथ में नौवें आवरण की पूजा समर्पित करें।

(ऐं ह्रीं श्रीं) (ऐं क्लीं सौः) परापराति रहस्य योगिनी मयूखायै नवम आवरण देवतासहितायै श्रीललिता महात्रिपुरसुन्दरी पराभट्टारिकायै नमः

योनि मुद्रा दिखएंम, प्रणाम करें और कर्पूर विटिका दें ।
इसके साथ ही नवम आवरण की पूजा संपन्न होती है।

दिक्पाल पूजा

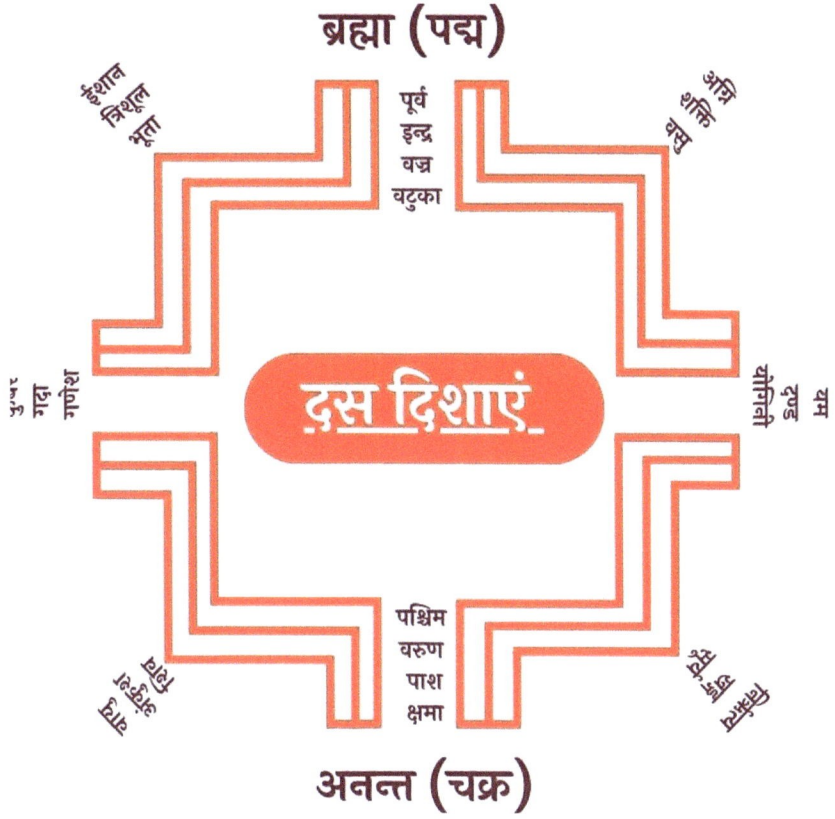

दशम् आवरणम्
दशम आवरण भूपुर की मध्य पंक्ति में **10 दिक्पालों** को समर्पित है
1. ॐ इन्द्र श्री पादुकाम् पूजयामि तर्पयामि नमः
2. ॐ अग्नि श्री पादुकाम् पूजयामि तर्पयामि नमः
3. ॐ यम श्री पादुकाम् पूजयामि तर्पयामि नमः
4. ॐ निर्ऋत्य श्री पादुकाम् पूजयामि तर्पयामि नमः
5. ॐ वरुण श्री पादुकाम् पूजयामि तर्पयामि नमः
6. ॐ वायु श्री पादुकाम् पूजयामि तर्पयामि नमः
7. ॐ कुबेर श्री पादुकाम् पूजयामि तर्पयामि नमः
8. ॐ ईशान श्री पादुकाम् पूजयामि तर्पयामि नमः

9. ॐ ब्रह्मा श्री पादुकाम् पूजयामि तर्पयामि नमः
10. ॐ अनन्त श्री पादुकाम् पूजयामि तर्पयामि नमः

ॐ अभीष्ट सिद्धिं मे देहि शरणागत वत्सला।
भक्त्या समर्पये तुभ्यं दशमावरणार्चनम्॥ पूजिताः तर्पिताः सन्तु।

एकादशम् आवरणम्
भूपुर की तीसरी बाहरी पंक्ति को समर्पित है
1. *ॐ वज्र श्री पादुकाम् पूजयामि तर्पयामि नमः।*
2. *ॐ शक्ति श्री पादुकाम् पूजयामि तर्पयामि नमः।*
3. *ॐ दण्ड श्री पादुकाम् पूजयामि तर्पयामि नमः।*
4. *ॐ खड्ग श्री पादुकाम् पूजयामि तर्पयामि नमः।*
5. *ॐ पाश श्री पादुकाम् पूजयामि तर्पयामि नमः।*
6. *ॐ अंकुश श्री पादुकाम् पूजयामि तर्पयामि नमः।*
7. *ॐ गदा श्री पादुकाम् पूजयामि तर्पयामि नमः।*
8. *ॐ त्रिशूल श्री पादुकाम् पूजयामि तर्पयामि नमः।*
9. *ॐ पद्म श्री पादुकाम् पूजयामि तर्पयामि नमः।*

ॐ अभीष्ट सिद्धिं मे देहि शरणागत वत्सला।
भक्त्या समर्पये तुभ्यं एकादशमावरणार्चनम्॥ पूजिताः तर्पिताः सन्तु।

द्वादशम आवरणम
यंत्र के आसपास की सभी 10 दिशाओं में द्वादशम आवरणम है।
1. पूर्वे - *ॐ वं वटुका श्री पादुकाम् पूजयामि तर्पयामि नमः*
2. दक्षिणे - *ॐ यं योगिनी श्री पादुकाम् पूजयामि तर्पयामि नमः*
3. पश्चिमे - *ॐ क्षं क्षेत्रपालाय श्री पादुकाम् पूजयामि तर्पयामि नमः*
4. उत्तरे - *ॐ गं गणेश श्री पादुकाम् पूजयामि तर्पयामि नमः*
5. आग्नेय - *ॐ वसु श्री पादुकाम् पूजयामि तर्पयामि नमः*
6. नैऋत्ये - *ॐ सूर्य श्री पादुकाम् पूजयामि तर्पयामि नमः*
7. वायव्ये - *ॐ शिव श्री पादुकाम् पूजयामि तर्पयामि नमः*
8. ईशाने - *ॐ भूता श्री पादुकाम् पूजयामि तर्पयामि नमः*

ॐ अभीष्ट सिद्धिं मे देहि शरणागत वत्सला।
भक्त्या समर्पये तुभ्यं द्वादशमवरणार्चनम्॥ पूजिताः तर्पिताः सन्तु।

पांच पंचिका पूजन

यंत्र पर पुष्प अर्पित करते हुए नीचे संक्षेप में पंच पंचिका का पूजन करें:

1. *(ऐं ह्रीं श्रीं) पंच लक्ष्ययंबा श्री पादुकां पूजयामि तर्पयामि नमः*
2. *(ऐं ह्रीं श्रीं) पंच कोशंबा श्री पादुकां पूजयामि तर्पयामि नमः*
3. *(ऐं ह्रीं श्रीं) पंच कल्पलतांबा श्री पादुकां पूजयामि तर्पयामि नमः*
4. *(ऐं ह्रीं श्रीं) पंच कामदुधांबा श्री पादुकां पूजयामि तर्पयामि नमः*
5. *(ऐं ह्रीं श्रीं) पंच रत्नाम्बा श्री पादुकां पूजयामि तर्पयामि नमः*

षड दर्शन पूजन

यंत्र पर पुष्प अर्पित करते हुए नीचे संक्षेप में षड दर्शन का पूजन करें:

1. *(ऐं ह्रीं श्रीं) तारा अधिष्ठित बौद्ध दर्शनम् श्री पादुकां पूजयामि तर्पयामि नमः।*
2. *(ऐं ह्रीं श्रीं) ब्रह्म देवता अधिष्ठित वैदिक दर्शनम् श्री पादुकां पूजयामि तर्पयामि नमः।*
3. *(ऐं ह्रीं श्रीं) रुद्र देवता अधिष्ठित शिव दर्शनम् श्री पादुकां पूजयामि तर्पयामि नमः।*
4. *(ऐं ह्रीं श्रीं) सूर्य देवता अधिष्ठित सौर दर्शन् श्री पादुकां पूजयामि तर्पयामि नमः।*
5. *(ऐं ह्रीं श्रीं) विष्णु देवता अधिष्ठित वैष्णव दर्शनम् श्री पादुकां पूजयामि तर्पयामि नमः।*
6. *(ऐं ह्रीं श्रीं) भुवनेश्वरी देवता अधिष्ठित शाक्त दर्शनम् श्री पादुकां पूजयामि तर्पयामि नमः।*

षड्‌ आधार पूजन

यंत्र पर पुष्प अर्पित करते हुए नीचे संक्षेप में 6 चक्र देवताओं का पूजन करें।

1. *(ऐं ह्रीं श्रीं) सां हंसः मूलाधाराधिष्ठान देवतायै साकिनी सहितगणनाथ स्वरूपिण्यै नमः। गणनाथ स्वरूपिण्यम्बा श्रीपादुकां पूजयामि तर्पयामि नमः।*
2. *(ऐं ह्रीं श्रीं) कां सोहं स्वाधिष्ठानाधिष्ठान देवतायै काकिनी सहित ब्रह्म स्वरूपिण्यै नमः। ब्रह्मस्वरूपिण्यम्बा श्रीपादुकां पूजयामि तर्पयामि नमः।*
3. *(ऐं ह्रीं श्रीं) लां हंसस्सोहं मणिपूरकाधिष्ठानदेवतायै लाकिनी सहित विष्णुरूपिण्यै नमः। विष्णुस्वरूपिण्यम्बा श्रीपादुकां पूजयामि तर्पयामि नमः।*
4. *(ऐं ह्रीं श्रीं) रां हंसश्शिवस्सोहं अनाहताधिष्ठानदेवतायै राकिणी सहित सदाशिवस्वरूपिण्यै नमः ।सदाशिवस्वरूपिण्यम्बा श्रीपादुकां पूजयामि तर्पयामि नमः ।*

5. *(ऐं ह्रीं श्रीं) डां सोहं हंसश्शिवः विशुद्ध्यधिष्ठानदेवतायै डाकिनी सहित जीवेश्वरस्वरूपिण्यै नमः । जीवेश्वर स्वरूपिण्यम्बा श्रीपादुकां पूजयामि तर्पयामि नमः ।*
6. *(ऐं ह्रीं श्रीं) हां हंसश्शिवस्सोहं सोहं हंसश्शिवः आज्ञाधिष्ठानदेवतायै हाकिनी सहित परमात्मस्वरूपिण्यै नमः । परमात्मस्वरूपिण्यम्बा श्रीपादुकां पूजयामि तर्पयामि नमः।*

आमना समष्टि पूजा

यंत्र पर पुष्प अर्पित करते हुए नीचे संक्षेप में आमना समष्टि पूजा

1. *पूर्व आम्नाय समय विद्वेश्वर उन्मादिनी देव्यम्बा श्री पादुकाम् पूजयामि तर्पयामि नमः।*
2. *दक्षिण आम्नाय समय विद्वेश्वरी भोगिनी देव्याम्बा श्री पादुकाम् पूजयामि तर्पयामि नमः।*
3. *पश्चिम आम्नायसमय विद्वेश्वरी कुबजिका देव्यम्बा श्री पादुकाम् पूजयामि तर्पयामि नमः।*
4. *उत्तर आम्नाय समय विद्वेश्वरी कालिका देव्यम्बा श्री पादुकाम् पूजयामि तर्पयामि नमः।*
5. *ऊर्ध्व आम्नाय समय विद्वेश्वर्यम्बा श्री पादुकाम् पूजयामि तर्पयामि नमः।*

आरती करें

आरती के बाद **योनि मुद्रा** के साथ प्रणाम करें, उनके सामने साष्टांग प्रणाम करें और नीचे दिए अनुसार क्षमा प्रार्थना करें

आवाहनं न जानामि, न जानामि विसर्जनम्
पूजनं न जानामि क्षम्यताम् परमेश्वरी।
मंत्रहीनं क्रियाहीनं बुद्धिहीनं महेश्वरी
यत् पूजितं मया देवी परिपूर्णम् तदस्तु मे
गुह्याति गुह्य गोप्त्रि, त्वं गृहाण अस्मत् कृतं जपन्
सिद्धिः भवतु मे देवी, त्वत् प्रसादान् माहेश्वरी।

|| श्री ललिता अम्बिका चरणार्पण अस्तु ||

इस प्रकार से बहिर्याग पूजा समाप्त हुई। पूजा समाप्ति के बाद भावना करें की देवी आपके हृदय में विराजमान हैं। और समय हो तो यथा शक्ति अंतर्याग क्रिया कर सकते हैं।

!!! श्री गुरु चरणार्पणमस्तु !!!

श्री देवी खड्गमाला स्तोत्रम्

श्री देवी प्रार्थना

ह्रीङ्कारासनगर्भितानलशिखां सौः क्लीं कलां बिभ्रतीं
सौवर्णाम्बरधारिणीं वरसुधाधौतां त्रिनेत्रोज्ज्वलाम् ।
वन्दे पुस्तकपाशमङ्कुशधरां स्रग्भूषितामुज्ज्वलां
त्वां गौरीं त्रिपुरां परात्परकलां श्रीचक्रसञ्चारिणीम् ॥

अर्थ - मैं उन देवी को प्रणाम करता हूँ जो **ह्रींकार** रुपी आसन पर विराजमान है, अग्नि की शिखा के समान तेजस्वी है, और **'सौः'** और **'क्लीं'** बीज मन्त्रों की शक्ति हैं। वह सुवर्ण वस्त्र धारण करती हैं, अमृत से स्नान करती हैं, और तीन उज्ज्वल नेत्रों से सुशोभित हैं। वह पुस्तक, पाश, और अंकुश धारण करती है, और पुष्पमालाओं से अलंकृत है। मैं उन गौरी को प्रणाम करता हूँ, जो त्रिपुरा है, सर्वोच्च कला है, और श्रीचक्र का संचारण करती हैं।

विनियोग

अस्य श्री शुद्धशक्तिमालामहामन्त्रस्य उपस्थेन्द्रियाधिष्ठायी वरुणादित्य ऋषयः देवी गायत्री छन्दः सात्विक ककारभट्टारकपीठस्थित कामेश्वराङ्कनिलया महाकामेश्वरी श्री ललिता भट्टारिका देवता ऐं बीजं क्लीं शक्तिः सौः कीलकं मम खड्गमालासिद्ध्यर्थे सर्वाभीष्टसिद्ध्यर्थे जपे विनियोगः मूलमन्त्रेण षडङ्गन्यासं कुर्यात् ।

ध्यानम्

आरक्ताभां त्रिनेत्राम् अरुणिमवसनां रत्नताटङ्क रम्यां
हस्ताम्भोजैः सपाशाङ्कुश मदन धनुस्सायकैः विस्फुरन्तीम् ।
आपीनोत्तुङ्ग वक्षोरुह विलुठन् तार हारोज्ज्वलाङ्गीं
ध्यायेत् अम्भोरुहस्थाम् अरुणिमवसनां ईश्वरीं ईश्वराणाम् ॥

अर्थ - *देवी की कांति रक्त के समान लाल है, उनके तीन नेत्र हैं, वे अरुण वस्त्र धारण करती हैं और उनके कानों में रत्नों से बने सुंदर ताटङ्क शोभा पा रहे हैं। उनके कर कमलों में पाश, अंकुश, कामदेव का धनुष और उसके पाँच बाण हैं, जो हमेशा प्रकाशमान रहते हैं। उनका उन्नत और विशाल वक्षस्थल, मणियों की सुंदर मालाओं से सुसज्जित है। वे कमल के आसन पर विराजमान हैं और सम्पूर्ण ईश्वरगणों की भी अधिष्ठात्री ईश्वरी हैं।*

लमित्यादिपञ्च पूजां कुर्यात्

1. ***लं - पृथिवीतत्त्वात्मिकायै श्री ललितात्रिपुरसुन्दरी पराभट्टारिकायै गन्धं परिकल्पयामि नमः***
2. ***हं - आकाशतत्त्वात्मिकायै श्री ललितात्रिपुरसुन्दरी पराभट्टारिकायै पुष्पं परिकल्पयामि नमः***

3. *यं - वायुतत्त्वात्मिकायै श्री ललितात्रिपुरसुन्दरी पराभट्टारिकायै धूपं परिकल्पयामि नमः*
4. *रं - तेजस्तत्त्वात्मिकायै श्री ललितात्रिपुरसुन्दरी पराभट्टारिकायै दीपं परिकल्पयामि नमः*
5. *वं - अमृततत्त्वात्मिकायै श्री ललितात्रिपुरसुन्दरी पराभट्टारिकायै अमृतनैवेद्यं परिकल्पयामि नमः*
6. *सं - सर्वतत्त्वात्मिकायै श्री ललितात्रिपुरसुन्दरी पराभट्टारिकायै ताम्बूलादि सर्वोपचारान् परिकल्पयामि नमः*

स्त्रोत्र

श्री देवी सम्बोधनं (1)
ॐ ऐं ह्रीं श्रीं ऐं क्लीं सौः ॐ नमस्त्रिपुरसुन्दरी,

न्यासाङ्गदेवताः (6)
हृदयदेवी, शिरोदेवी, शिखादेवी, कवचदेवी, नेत्रदेवी, अस्त्रदेवी,

तिथिनित्यादेवताः (16)
कामेश्वरी, भगमालिनी, नित्यक्लिन्ने, भेरुण्डे, वह्निवासिनी, महावज्रेश्वरी, शिवदूती, त्वरिते, कुलसुन्दरी, नित्ये, नीलपताके, विजये, सर्वमङ्गले, ज्वालामालिनी, चित्रे, महानित्ये,

दिव्यौघगुरवः (7)
परमेश्वर, परमेश्वरी, मित्रेशमयि, षष्ठीशमयि, उड्डीशमयि, चर्यानाथमयि, लोपामुद्रामयि, अगस्त्यमयि,

सिद्धौघगुरवः (4)
कालतापनमयि, धर्माचार्यमयि, मुक्तकेशीश्वरमयि, दीपकलानाथमयि,

मानवौघगुरवः (8)
विष्णुदेवमयि, प्रभाकरदेवमयि, तेजोदेवमयि, मनोजदेवमयि, कल्याणदेवमयि, वासुदेवमयि, रत्नदेवमयि, श्रीरामानन्दमयि,

श्रीचक्र प्रथमावरणदेवताः
अणिमासिद्धे, लघिमासिद्धे, महिमासिद्धे, ईशित्वसिद्धे, वशित्वसिद्धे, प्राकाम्यसिद्धे, भुक्तिसिद्धे, इच्छासिद्धे, प्राप्तिसिद्धे, सर्वकामसिद्धे, ब्राह्मी, माहेश्वरी, कौमारि, वैष्णवी, वाराही, माहेन्द्री, चामुण्डे, महालक्ष्मी, सर्वसङ्क्षोभिणी, सर्वविद्राविणी, सर्वाकर्षिणी, सर्ववशङ्करी, सर्वोन्मादिनी, सर्वमहाङ्कुशे, सर्वखेचरी, सर्वबीजे, सर्वयोने, सर्वत्रिखण्डे, त्रैलोक्यमोहन चक्रस्वामिनी, प्रकटयोगिनी,

श्रीचक्र द्वितीयावरणदेवताः

कामाकर्षिणी, बुद्ध्याकर्षिणी, अहङ्काराकर्षिणी, शब्दाकर्षिणी, स्पर्शाकर्षिणी, रूपाकर्षिणी, रसाकर्षिणी, गन्धाकर्षिणी, चित्ताकर्षिणी, धैर्याकर्षिणी, स्मृत्याकर्षिणी, नामाकर्षिणी, बीजाकर्षिणी, आत्माकर्षिणी, अमृताकर्षिणी, शरीराकर्षिणी, सर्वाशापरिपूरक चक्रस्वामिनी, गुप्तयोगिनी,

श्रीचक्र तृतीयावरणदेवताः

अनङ्गकुसुमे, अनङ्गमेखले, अनङ्गमदने, अनङ्गमदनातुरे, अनङ्गरेखे, अनङ्गवेगिनी, अनङ्गाङ्कुशे, अनङ्गमालिनी, सर्वसङ्क्षोभणचक्रस्वामिनी, गुप्ततरयोगिनी,

श्रीचक्र चतुर्थावरणदेवताः

सर्वसङ्क्षोभिणी, सर्वविद्राविनी, सर्वाकर्षिणी, सर्वह्लादिनी, सर्वसम्मोहिनी, सर्वस्तम्भिनी, सर्वजृम्भिणी, सर्ववशङ्करी, सर्वरञ्जनी, सर्वोन्मादिनी, सर्वार्थसाधिके, सर्वसम्पत्तिपूरिणी, सर्वमन्त्रमयी, सर्वद्वन्द्वक्षयङ्करी, सर्वसौभाग्यदायक चक्रस्वामिनी, सम्प्रदाययोगिनी,

श्रीचक्र पञ्चमावरणदेवताः

सर्वसिद्धिप्रदे, सर्वसम्पत्प्रदे, सर्वप्रियङ्करी, सर्वमङ्गलकारिणी, सर्वकामप्रदे, सर्वदुःखविमोचनी, सर्वमृत्युप्रशमनि, सर्वविघ्ननिवारिणी, सर्वाङ्गसुन्दरी, सर्वसौभाग्यदायिनी, सर्वार्थसाधक चक्रस्वामिनी, कुलोत्तीर्णयोगिनी,

श्रीचक्र षष्टावरणदेवताः

सर्वज्ञे, सर्वशक्ते, सर्वैश्वर्यप्रदायिनी, सर्वज्ञानमयि, सर्वव्याधिविनाशिनी, सर्वाधारस्वरूपे, सर्वपापहरे, सर्वानन्दमयि, सर्वरक्षास्वरूपिणी, सर्वेप्सितफलप्रदे, सर्वरक्षाकरचक्रस्वामिनी, निगर्भयोगिनी,

श्रीचक्र सप्तमावरणदेवताः

वशिनी, कामेश्वरी, मोदिनी, विमले, अरुणे, जयिनी, सर्वेश्वरी, कौलिनि, सर्वरोगहरचक्रस्वामिनी, रहस्ययोगिनी,

श्रीचक्र अष्टमावरणदेवताः

बाणिनी, चापिनी, पाशिनी, अङ्कुशिनी, महाकामेश्वरी, महावज्रेश्वरी, महाभगमालिनी, सर्वसिद्धिप्रदचक्रस्वामिनी, अतिरहस्ययोगिनी,

श्रीचक्र नवमावरणदेवताः

श्री श्री महाभट्टारिके, सर्वानन्दमयचक्रस्वामिनी, परापररहस्ययोगिनी,

नवचक्रेश्वरी नामानि

त्रिपुरे, त्रिपुरेशी, त्रिपुरसुन्दरी, त्रिपुरवासिनी, त्रिपुराश्रीः, त्रिपुरमालिनी, त्रिपुरसिद्धे, त्रिपुराम्बा, महात्रिपुरसुन्दरी,

श्रीदेवी विशेषणानि - नमस्कारनवाक्षरीच

महामहेश्वरी, महामहाराज्ञी, महामहाशक्ते, महामहागुप्ते, महामहाज्ञप्ते, महामहानन्दे, महामहास्कन्धे, महामहाशये, महामहा श्रीचक्रनगरसाम्राज्ञी, नमस्ते नमस्ते नमस्ते नमः ।

॥ इति श्री वामकेश्वरतन्त्रे उमामहेश्वरसंवादे देवीखड्गमालास्तोत्ररत्नं समाप्तम् ॥

!!! श्री गुरु चरणार्पणमस्तु !!!

भाग - 3

श्री विद्या अन्तर्याग

अंतर्योग क्रिया

पंच भूत शुद्धि

पाँच तत्वों की शुद्धिकरण

- हमारा शरीर **पाँच तत्वों** से बना है, और इनकी शुद्धि को **भूत शुद्धि** कहा जाता है।
- पहले **पाँच चक्रों** की शुद्धि के माध्यम से एक सरल विधि का उपयोग करेंगे।

मूलाधार से सहस्रार तक

बाएँ नासिका को बंद करें और **दाहिने नासिका** से श्वास लें। "हुं" बीज मंत्र का जप करते हुए भावना करें की **मूलाधार (मूल चक्र)** से जीव शक्ति उठकर **सहस्रार (सहस्रार चक्र)** तक जाकर शिव में विलीन हो जाती है।

वायु तत्त्व शुद्धिकरण

दाहिने नासिका को बंद करें और **बाएँ नासिका** से श्वास छोड़ें। फिर **दाहिने नासिका** को बंद करें और **बाएँ नासिका** से श्वास लें। **"यं"** बीज मंत्र का **16 बार** जप करते हुए भावना करें की **वायु तत्त्व** ने अपूर्ण इच्छाओं वाले पाप शरीर को सुखा दिया गया है। फिर **बाएँ नासिका** को बंद करें और **दाहिने नासिका** से श्वास छोड़ें।

अग्नि तत्त्व शुद्धिकरण

बाएँ नासिका को बंद करें और **दाहिने नासिका** से श्वास लें। **"रं"** बीज मंत्र का **16 बार जप** करते हुए भावना करें की **अग्नि तत्व** मृत्यु शरीर को जलाकर राख बना रही है। फिर **दाहिने नासिका** को बंद करें और **बाएँ नासिका** से श्वास छोड़ें।

जल तत्त्व शुद्धिकरण

दाहिने नासिका को बंद करें और **बाएँ नासिका** से **श्वास** लें। **"वं"** बीज मंत्र का **16 बार जप** करते हुए भावना करें कि **जल तत्व** राख पर छिड़का जा रहा है और आपके पाप शरीर की राख **एक पिंड** में परिवर्तित हो रही हैं। फिर **बाएँ नासिका** को बंद करें और **दाहिने नासिका** से श्वास छोड़ें।

पृथ्वी तत्त्व शुद्धिकरण

बाएँ नासिका को बंद करें और **दाहिने नासिका** से श्वास लें। **"लं"** बीज मंत्र का **16 बार जप** करते हुए भावना करें कि राख का पिंड एक स्वर्णिम दिव्य शरीर में परिवर्तित हो रहा है। फिर **दाहिने नासिका** को बंद करें और बाएँ **नासिका** से श्वास छोड़ें।

पुनर्जीवन

"हंसः सोऽहम्" मंत्र का **16 बार जप** करते हुए **दाहिने नासिका** को बंद करके **बाएँ नासिका** से श्वास लेते हुए भावना करें कि आपकी जीवात्मा जो शिव के साथ थी वह अब दिव्य शरीर के रूप में मूलाधार में उतर रही है। हर श्वास और निश्वास के साथ, भावना करें कि दिव्य शरीर फैलता हुआ पूरे सूक्ष्म शरीर को अपने में समेट रहा है। हिरण्यगर्भ के रूप पर ध्यान करें, आकाश, वायु, अग्नि, जल, और पृथ्वी के तत्वों को पुनर्जीवित करते हुए, और स्थूल शरीर को पुनर्जीवित करें। इस प्रकार, आपने अपने स्थूल और सूक्ष्म शरीर के सभी तत्वों को शुद्ध कर लिया है।

आत्मा प्राण प्रतिष्ठा

अंकुश मुद्रा का उपयोग करके, ब्रह्मांड से प्राणिक ऊर्जा को आकर्षित करें और इसे तत्त्व मुद्रा के माध्यम से निर्दिष्ट मंत्र

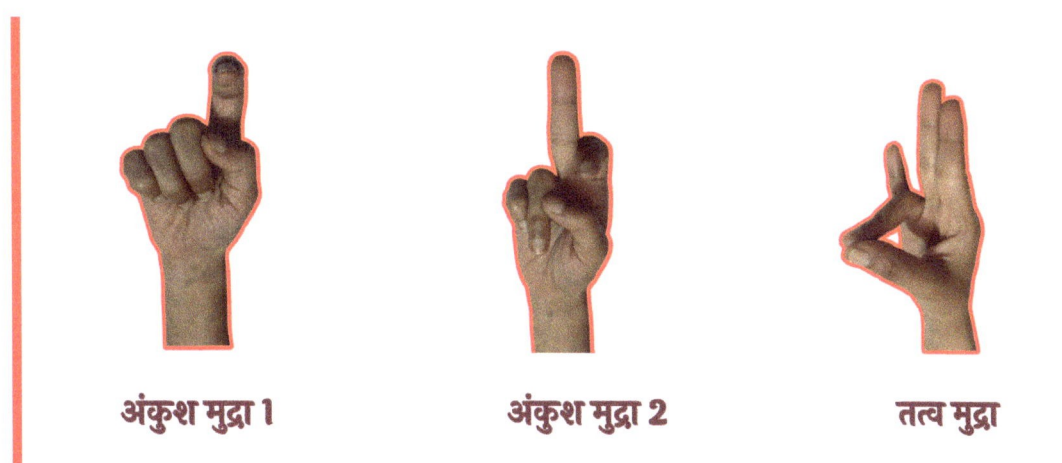

अंकुश मुद्रा 1

अंकुश मुद्रा 2

तत्व मुद्रा

का जप करते हुए नये शरीर में स्थापित करें।

1. *ॐ (आं ह्रीं क्रों) यं रं लं वं, सं शं षं, हं हंसः सोहम्, मम जीवः इह स्थिता।*
2. *ॐ (आं ह्रीं क्रों) यं रं लं वं, सं शं षं, हं हंसः सोहम्, मम सर्व इन्द्रियाणि इह स्थितानि।*

3. *ॐ (आं ह्रीं क्रों) यं रं लं वं, सं शं ष, हं हंसः सोहम्, मम वाङ्ग, मनः,चक्षु, श्रोत्र, त्वक्, घ्राण, प्राण, इह आगत्य सुखं चिरम् तिष्ठन्तु स्वाहा*

वैक्लपिक रूप से दाहिने हाथ की हथेली को हृदय पर रखें और नीचे दिए गए मंत्र का तीन बार जप करें:

ॐ ऐं ह्रीं श्रीं आं श्रीं सोहम्

इसके बाद, **मूल मंत्र के साथ प्राणायाम** तीन, दस या सोलह बार किया जाता है।

विघ्नोत्सारणम

1. **कुंडलिनी शक्ति** को भावना से सहस्रार तक ले जाएं और पुनः मूलाधार तक वापस लाएं।
2. भूमिगत बाधाओं को दूर करने के लिए बाईं एड़ी को तीन बार धरती पर मारें। इसके बाद, तीन बार ताली बजाएँ।
3. अंत में अंतरिक्षगत बाधाओं को दूर करने के लिए क्रूरता से चारों ओर देखें।

मातृका न्यास

- **उद्देश्य -** "मातृकन्यास करने से सभी पाप नष्ट हो जाते हैं" (मंत्रयोग संहिता)।
- **महत्व -** मातृकन्यास करने से व्यक्ति अपने शरीर की पहचान पराशक्ति के सूक्ष्म रूप से करता है। सभी न्यासों को करने में यह चिंतन अधिक महत्वपूर्ण है।
- **बाह्यमातृका न्यास -** बाह्यमातृकन्यास का अर्थ है संस्कृत वर्णमाला के अक्षरों का उच्चारण करते हुए अंगुलियों के पोरों से शरीर के विभिन्न बाहरी हिस्सों को स्पर्श करना। इस प्रकार सभी पचास अक्षर शरीर के विभिन्न भागों में स्थित हैं।
- **अंतर्मातृका न्यास -** अंतर्मातृकन्यास का अर्थ है मूलाधार से आज्ञा और सहस्रार तक छह मानसिक चक्रों में पचास अक्षरों का चिंतन करना।

ऋष्यादि न्यास

अस्य श्रीमातृका न्यास महामन्त्रस्य ब्रह्मा ऋषिः। गायत्री छन्दः। श्रीमातृका सरस्वती देवता। हल्भ्यो बीजेभ्यो नमः। स्वरेभ्यः शक्तिभ्यो नमः। बिन्दुभ्यो कीलकेभ्यो नमः। मम श्री विद्याऽङ्गत्वेन न्यासे विनियोगः

1. **ऋषिः -** दाहिनी हथेली से शीर्ष को स्पर्श करें
2. **छंदः -** दाहिनी हथेली को मुख के पास लाएं पर स्पर्श नहीं करें
3. **देवता -** दाहिनी हथेली से हृदय को स्पर्श करें
4. **बीजं -** दाहिने हथेली से दाहिने कंधे को स्पर्श करें

5. **शक्तिः** - दाहिने हाथ से बाएँ कंधे को स्पर्श करें
6. **किलकम** - नाभि पर केवल उंगलियों के सिरे का उपयोग किया जाना चाहिए

करन्यास

1. *(ऐं ह्रीं श्रीं) (ऐं क्लीं सौः) अं कं खं गं घं ङं आं अङ्गुष्ठाभ्याम् नमः*
2. *(ऐं ह्रीं श्रीं) (ऐं क्लीं सौः) इं चं छं जं झं ञं ईं तर्जनीभ्यां नमः।*
3. *(ऐं ह्रीं श्रीं) (ऐं क्लीं सौः) उं टं ठं डं ढं णं ऊं मध्यमाभ्यां नमः ।*
4. *(ऐं ह्रीं, श्री) (ऐं क्ली सौः) एं तं थं दं धं नं ऐं अनामिकाभ्यां नमः।*
5. *(ऐं ह्रीं श्रीं) (ऐं, क्लीं सौः) ओं पं फं बं भं मं औं कनिष्ठीकाभ्यां नमः*
6. *(ऐं ह्रीं श्रीं) (ऐं क्लीं सौः) अं यं रं लं वं शं षं सं हं ळं क्षं अः करतल करपृष्ठाभ्यां नमः।*

हृदयादि न्यास

1. *(ऐं ह्रीं श्रीं) (ऐं क्लीं सौः) अं कं खं गं घं ङं आं हृदयाय नमः*
2. *(ऐं ह्रीं श्रीं) (ऐं क्लीं सौः) इं चं छं जं झं ञं ईं शिरसे स्वाहा।*
3. *(ऐं ह्रीं श्रीं) (ऐं क्लीं, सौः) उं टं ठं डं ढं णं ऊं शिखायै वषट्।*
4. *(ऐं ह्रीं श्रीं) (ऐं क्लीं सौः) एं तं थं दं धं नं ऐं कवचाय हुं।*
5. *(ऐं ह्रीं श्रीं) (ऐं क्लीं सौः) ओं पं फं बं भं मं औं नेत्रत्रयाय वौषट्।*
6. *(ऐं ह्रीं श्रीं) (ऐं क्लीं सौः) अं यं रं लं वं शं षं सं हं ळं क्षं अः अस्त्राय फट्।*

ध्यानम्

पञ्चाशद्वर्ण भेदैः विहितवदनदोः पादयुक् कुक्षिवक्षो
देशां भास्वत्कपर्दाकलित शशिकलां इन्दुकुन्दावदताम्।
अक्षस्त्रक्कुम्भ चिन्तालिखित वरकरां त्रीक्षणाम् अब्जसंस्था
मच्छाकल्पामतुच्छ स्तन जघनभरां भारतीं तां नमामि॥

अर्थ - मैं उस देवी भारती को प्रणाम करता हूँ, जिनका दिव्य रुप संस्कृत के पचास वर्णों से निर्मित है — उनके मुख, भुजाएँ, चरण, उदर और वक्षस्थल सभी इन अक्षरों से सुशोभित हैं। उनके केश स्वर्ण की भाँति दीप्तिमान हैं, जिनमें चंद्रमा की एक कलामयी शीतल आभा समाहित है। उनका वर्ण चंद्रमा और कुंद पुष्प के समान निर्मल और उज्ज्वल है। वे अपने कमल सदृश हाथों में अक्षमाला, कमंडलु, चिन्तामणि और वरमुद्रा धारण करती हैं। तीन नेत्रों वाली वह देवी कमल पर विराजमान हैं। उनके स्तन और नितंब मधुर सौंदर्य से पूर्ण हैं, किंतु उनमें कोई अहंकार नहीं है। वे आत्मस्वरुपा, वाणी की अधिष्ठात्री और परम विद्यामयी देवी हैं — उन्हें मैं श्रद्धा सहित नमस्कार करता हूँ।

पंचोपचार पूजा

1. *लं - पृथिव्यात्मिकायै गन्धं समर्पयामि।*
2. *हं - आकाशात्मिकायै पुष्पैः पूजयामि।*
3. *यं - वाय्वात्मिकायै धूपमाघ्रापयामि।*
4. *रं - अग्न्यात्मिकायै दीपं दर्शयामि।*
5. *वं - अमृतात्मिकायै अमृतं महानैवेद्यं निवेदयामि।*
6. *सं - सर्वात्मिकायै सर्वोपचार पूजाम् समर्पयामि॥*

बहिर्मातृकान्यास

टिप्पणी - प्रत्येक अक्षर के पहले त्रितारी और बाला मंत्र लगाना चाहिए और अंत में नमः हंसः लगाना चाहिए ।

उदाहरण - *ऐं ह्रीं श्रीं ऐं क्लीं सौः अं नमः हंसः ।*

क्रमांक	अक्षर	अंग
1	अं	सिर
2	आं	मुख
3	इं	दाहिनी आँख
4	ईं	बाईं आंख
5	उं	दाहिनी कान
6	ऊं	बांयाँ कान
7	ऋं	दाहिनी नासिका
8	ॠं	बाईं नासिका
9	ऌं	दाहिने गाल
10	ॡं	बाएं गाल
11	एं	ऊपरी होंठ
12	ऐं	निचले होंठ
13	ओं	ऊपरी दांत
14	औं	निचले दाँत

15	अं	जीभ का अग्र भाग
16	अः	गला
17	कं	दायां कंधा
18	खं	दाहिनी कोहनी
19	गं	दाहिनी कलाई
20	घं	दाहिनी उंगलियोंके नीचे
21	ङं	दाहिनी उंगलियोंकी नोक
22	चं	बायाँ कंधा
23	छं	बाईं कोहनी
24	जं	बाईं कलाई
25	झं	बाईं उंगलियोंके नीचे
26	ञं	बाईं उंगलियोंकी नोक
27	टं	दाहिनी जाँघका जोड़
28	ठं	दाहिना घुटना
29	डं	दाहिना टखना
30	ढं	दाहिने पैर की उंगलियों के नीचे
31	णं	दाहिने पैर की उंगलियोंकी नोक
32	तं	बाईं जांघ का जोड़
33	थं	बायां घुटना
34	दं	बायां टखना
35	धं	बाएँ पैर की उंगलियों के नीचे
36	नं	बाएँ पैर की उंगलियों का सिरा
37	पं	दाहिना पार्श्व (बगल में)
38	फं	बायां पार्श्व
39	बं	पीछे

40	भं	नाभि
41	मं	पेट
42	यं	हृदय
43	रं	दाहिनी बगल (कांख)
44	लं	गर्दन के पीछे
45	वं	बायीं बगल (कांख)
46	शं	बाएं हाथ की अंगुलियों को हृदय से दाहिनी अंगुलियों के पोरों तक चलाएं
47	षं	दाएँ हाथ की उँगलियों को हृदय से बाएँ उँगलियों के सिरेतक चलाएँ
48	सं	बाएं हाथ की अंगुलियों को हृदय से दाहिने पैर के अंगूठे तक चलाएं
49	हं	दाहिने हाथ की उंगलियों को हृदय से बाएं पैर के अंगूठे तक चलाएं
50	ळं	दोनों हाथों की अंगुलियों को कमर से लेकर पंजों तक चलाएं
51	क्षं	दोनों हाथों की अंगुलियों को कमर से सिर के ऊपर तक चलाएं

अन्तर्मातृकान्यास

क्रमांक	अक्षर	चक्र
1	अं	
2	आं	
3	इं	गले का क्षेत्र विशुद्धि चक्र 16 पंखुड़ियाँ

4	ईं	
5	उं	
6	ऊं	
7	ऋं	
8	ॠं	
9	लृं	
10	ॡं	
11	एं	
12	ऐं	
13	ओं	
14	औं	
15	अं	
16	अः	
17	कं	
18	खं	
19	गं	
20	घं	
21	ङं	
22	चं	हृदय अनाहत चक्र 12 पंखुड़ियाँ

23	छं	
24	जं	
25	झं	
26	ञं	
27	टं	
28	ठं	
29	डं	
30	ढं	
31	णं	
32	तं	
33	थं	
34	दं	
35	धं	
36	नं	
38	पं	
38	फं	नाभि मणिपूरक चक्र 10 पंखुड़ियाँ
39	बं	
40	भं	
41	मं	स्वाधिष्ठान चक्र 6 पंखुड़ियाँ

42	यं	
43	रं	
44	लं	
45	वं	
46	शं	
47	षं	
48	सं	मूलाधार चक्र 4 पंखुड़ियाँ
49	हं	आंखों की भौहों का केंद्र आज्ञा चक्र 2 पंखुड़ियाँ
50	क्षं	

!!! श्री गुरु चरणार्पणमस्तु !!!

करशुद्धि आदि न्यास

करशुद्धिन्यास
सबसे पहले हथेलियों पर किया जाता है दूसरा उंगलियों पर किया जाता है।उंगलियों पर न्यास के लिए, कर न्यास की प्रक्रिया अपनाई जाती है। दाहिनी हथेली पर न्यास के लिए बाएँ हाथ का प्रयोग करना चाहिए। केवल तीन बीजाक्षरों का उपयोग किया जाता है *अं आं सौः*।

हथेलियाँ
1. *(ऐं ह्रीं, श्रीं) अं नमः* – बाएं हाथ की अंगुलियों को दाहिनी हथेली पर चलाएं
2. *(ऐं ह्रीं, श्रीं) आं नमः* – बाएं हाथ की उंगलियों को दाहिनी हथेली के पीछे चलाएं
3. *(ऐं ह्रीं श्रीं) सौः नमः* – बाएं हाथ की उंगलियों को दाहिनी हथेली के किनारों पर चलाएं
4. *(ऐं ह्रीं श्रीं) अं नमः* – दाएं हाथ की उंगलियों को बायीं हथेली पर चलाएं
5. *(ऐं ह्रीं श्रीं) आं नमः* – दाएं हाथ की उंगलियों को बायीं हथेली पर चलाएं
6. *(ऐं ह्रीं श्रीं) सौः नमः* – दाहिने हाथ की अंगुलियों को बायीं हथेली के दोनों ओर चलाएं

उँगलियाँ
1. *(ऐं ह्रीं श्रीं) अं नमः* – *मध्यमोः*
2. *(ऐं ह्रीं श्रीं) आं नमः* – *अनामिकयोः*
3. *(ऐं ह्रीं श्रीं) सौः नमः* – *कनिष्ठिकयोः*
4. *(ऐं ह्रीं श्रीं) अं नमः* – *अङ्गुष्ठयोः*
5. *(ऐं ह्रीं श्रीं) आं नमः* – *तर्जन्योः*
6. *(ऐं ह्रीं श्रीं) सौः नमः* – *करतलकरपृष्ठयोः*

आत्मरक्षान्यास
दोनों हाथों को अंजलि मुद्रा में हृदय के पास रखें और निम्नलिखित जप करें।
(ऐं ह्रीं श्रीं) (ऐं क्लीं सौः) श्री महात्रिपुरसुन्दरि आत्मानं रक्ष रक्ष॥

बाला षडंगन्यास

बालाषडंग न्यास अपने अंगों में बाला के मंत्रों को स्थापित करके किया जाता है।

1. *(ऐं क्लीं सौः) ऐं - हृदयाय नमः*
2. *(ऐं क्लीं सौः) क्लीं - शिरसे स्वाहा*
3. *(ऐं क्लीं सौः) सौः - शिखायै वषट्*
4. *(ऐं क्लीं सौः) ऐं - कवचाय हुं*
5. *(ऐं क्लीं सौः) क्लीं - नेत्रत्रयाय वौषट्*
6. *(ऐं क्लीं सौः) सौः - अस्त्राय फट्*

चतुरासनन्यास

1. *(ऐं क्लीं सौः) ह्रीं क्लीं सौः देव्यात्मासनाय नमः।* दाहिने हाथ से पैर छुए
2. *(ऐं क्लीं सौः) हैं हृक्लीं हृसौः श्रीचक्रासनाय नमः।* दाहिने हाथ से घुटनों को छुएं
3. *(ऐं क्लीं सौः) हृसैं हृस्क्ल्रीं हृस्सौः सर्वमन्त्रासनाय नमः।* दाहिने हाथ से ऊपरी जांघ को स्पर्श करें
4. *(ऐं क्लीं सौः) ह्रीं क्लीं ब्लें साध्यसिद्धासनाय नमः।* मूलाधार

वाग्देवता न्यास

ये आठ वाग्देवियाँ हैं जिन्होंने ललिता सहस्रनाम की रचना की। शरीर के अंगों को तत्व मुद्रा से स्पर्श करें।

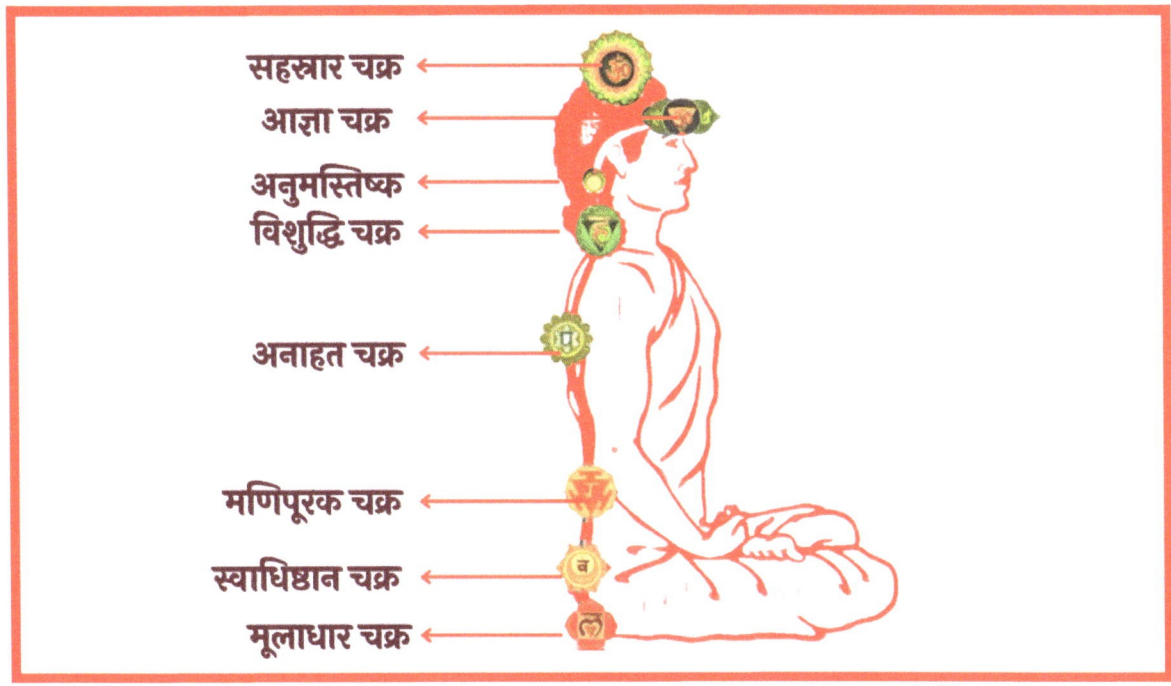

1. *(ऐं क्लीं सौः) अं आं इं ईं उं ऊं ऋं ॠं लृं लॄं एं ऐं ओं औं अं अः नमः ब्लूं वशिनि वाग्देवतायै नमः* /सिर पर ध्यान केंद्रित करें - सहस्रार
2. *(ऐं क्लीं सौः) कं खं गं घं ङं क्ल्हीं कामेश्वरी वाग्देवतायै नमः* | माथे पर ध्यान केंद्रित करें - मानस चक्र, जो आज्ञाचक्र के ठीक ऊपर है
3. *(ऐं क्लीं सौः) चं छं जं झं ञं न्व्लीं मोदिनी वाग्देवतायै नमः* /भौंहों के केंद्र पर ध्यान केंद्रित करें - आज्ञाचक्र
4. *(ऐं क्लीं सौः) टं ठं डं ढं णं य्लूं विमला वाग्देवतायै नमः* / *गर्दन पर ध्यान केंद्रित करें* - विशुद्धि चक्र
5. *(ऐं क्लीं सौः) तं थं दं धं नं ज्म्रीं अरुणा वाग्देवतायै नमः* /हृदय पर ध्यान केंद्रित करें -अनाहत चक्र
6. *(ऐं क्लीं सौः) पं फं बं भं मं ह्स्ल्व्यूं जयिनी वाग्देवतायै नमः* /नाभि पर ध्यान दें - मणिपूरक
7. *(ऐं क्लीं सौः) यं रं लं वं झ्म्र्यूं सर्वेश्वरी वाग्देवतायै नमः* /स्वाधिष्ठान चक्र - पर ध्यान केंद्रित करें
8. *(ऐं क्लीं सौः) शं षं सं हं ळं क्षं क्ष्म्रीं कौलिनी वाग्देवतायै नमः* /मूलाधार चक्र - पर ध्यान केंद्रित करें

बहिश्चक्रन्यास

1. ***(ऐं क्लीं सौः) अं आं सौः चतुरः त्रयात्मक मोहनचक्र अधिष्ठात्र्यै अणिमाद्यष्टाविंशति शक्तिसहित प्रकटयोगिनीरूपायै त्रिपुरादेव्यै नमः (पादयोः)***
   पैरों पर ध्यान दें – मैं **त्रैलोक्य मोहन चक्र** की 28 **प्रकट** योगिनियों और **त्रिपुरा** देवी को प्रणाम करता हूं ।

2. ***(ऐं क्लीं सौः) ऐं क्लीं सौः षोडशदल पद्मात्मक सर्वाशापरिपूरकचक्र अधिष्ठात्र्यै कामाकर्षिण्यादि षोडश शक्तिसहित गुप्तयोगिनीरूपायै त्रिपुरेश्वरी देव्यै नमः (जान्वोः)***
   जांघों पर ध्यान दें - मैं **सर्वाशापूरक** चक्र के **षोडश दल कमल** पर **गुप्त** योगिनियों, कामाकर्षणी इत्यादि का ध्यान करता हूं और **त्रिपुरेश्वरी** देवी को प्रणाम करता हूं।

3. ***(ऐं क्लीं सौः) ह्रीं क्लीं सौः अष्टदल पद्मात्मक सर्वसंक्षोभणचक्र अधिष्ठात्र्यै अनङ्गकुसुमाद्यष्ट शक्तिसहित गुप्ततरयोगिनीरूपायै त्रिपुरसुन्दरीदेव्यै नमः (ऊरुमूलयोः)***
   जांघ के जोड़ों पर ध्यान केंद्रित करें - मैं **सर्वशांक्षोभण चक्र** के **अष्ट** दल कमल पर **गुप्ततर** योगिनियों, अनंगकुसुमा आदि सिद्धियों का ध्यान करता हूं और त्रिपुरसुन्दरी देवी को प्रणाम करता हूं।

4. ***(ऐं क्लीं सौः) हैं ह्क्लीं हसौः चतर्दशारात्मक सर्व सौभाग्यदायकचक्र अधिष्ठात्र्यै सर्वसंक्षोभिण्यादि चतुर्दश शक्तिसहित सम्प्रदाययोगिनीरूपायै त्रिपुरवासिनीदेव्यै नमः (नाभौ)***
   नाभि पर ध्यान दें - मैं **सौभाग्य दायक** चक्र के **14 त्रिकोण** पर **संप्रदाय** योगिनियों का ध्यान करता हूं और **त्रिपुरवासिनी** देवी को प्रणाम करता हूं।

5. *(ऐं क्लीं सौः) ह्सैं हस्क्लीं हस्सौः बहिर्दशारात्मक सर्वार्थसाधकचक्र अधिष्ठात्र्यै सर्वसिद्धिप्रदादि दशशक्तिसहित कुलोत्तीर्ण योगिनीरूपाय त्रिपुरा श्रीदेव्यै नमः (हृदये)*
हृदय पर ध्यान दें - मैं **सर्वार्थ साधक** चक्र के 10 **त्रिकोण** पर **कुलोत्तीर्ण योगिनियों** का ध्यान करता हूं और **त्रिपुरा श्री** देवी को प्रणाम करता हूं।

6. *(ऐं क्लीं सौः) ह्रीं क्लीं ब्लें अन्तर्दशारात्मक सर्वरक्षाकरचक्र अधिष्ठात्र्यै सर्वज्ञादि दशशक्तिसहित निगर्भयोगिनीरूपायै त्रिपुरमालिनीदेव्यै नमः (कण्ठे)*
कण्ठ पर ध्यान दें - मैं **सर्वरक्षाकर** चक्र के 10 **त्रिकोण** पर **निगर्भ योगिनियों** का ध्यान करता हूं और **त्रिपुर मालिनी** देवी को प्रणाम करता हूं।

7. *(ऐं क्लीं सौः) ह्रीं श्रीं सौः अष्टारत्मक सर्वरोगहरचक्र अधिष्ठात्र्यै वशिन्याद्यष्ट शक्तिसहित रहस्ययोगिनीरूपायै त्रिपुरासिद्धादेव्यै नमः (मुखे)*
मुख पर ध्यान दें - मैं **सर्वरोगहर** चक्र के **8 त्रिकोण** पर **रहस्यमय योगिनियों** का ध्यान करता हूं और **त्रिपुरा सिद्धी** देवी को प्रणाम करता हूं।

8. *(ऐं क्लीं सौः) ह्स्रैं हस्क्ल्रीं हस्रौः त्रिकोणात्मक सर्वसिद्धिप्रदचक्र अधिष्ठात्र्यै कामेशवर्यादि त्रिशक्तिसहित अतिरहस्ययोगिनीरूपायै त्रिपुराम्बादेव्यै नमः (नेत्रयोः)*
आंखों पर ध्यान केंद्रित करें - मैं **सर्वसिद्धिप्रद** चक्र के **1 त्रिकोण** पर **अतिरहस्यमय योगिनियों** का ध्यान करता हूं और **त्रिपुरा अंबा** देवी को प्रणाम करता हूं।

9. *(ऐं क्लीं सौः) (पञ्चदशी) बिन्दु आत्मक सर्वानन्दमयचक्र अधिष्ठात्र्यै षड़ंग आयुध दशशक्तिसहित परापराति रहस्ययोगिनी रुपायै महात्रिपुर सुन्दरीदेव्यै नमः (मूर्धनि)*
मूर्धनि पर ध्यान केंद्रित करें - मैं **सर्वानंदमय** चक्र के **बिंदु** पर **परापराति रहस्ययोगिनी** महात्रिपुर सुंदरी ध्यान का करता हूं।

अन्तश्चक्रन्यास

1. *(ऐं क्लीं सौः) अं आं सौः चतुरः त्रयात्मक मोहनचक्र अधिष्ठात्र्यै अणिमाद्यष्टाविंशति शक्तिसहित प्रकटयोगिनीरूपायै त्रिपुरादेव्यै नमः*
अधःसहस्रार चक्र (मूलाधार के नीचे) पर ध्यान केंद्रित करें

2. *(ऐं क्लीं सौः) ऐं क्लीं सौः षोडशदल पद्मात्मक सर्वाशापरिपूरकचक्र अधिष्ठात्र्यै कामाकर्षिण्यादि षोडश शक्तिसहित गुप्तयोगिनीरूपायै त्रिपुरेश्वरी देव्यै नमः*

विशु चक्र (अध:सहस्रार चक्र और मूलाधार के बीच में) पर ध्यान केंद्रित करें

3. ***(ऐं क्लीं सौः) ह्रीं क्लीं सौः अष्टदल पद्मात्मक सर्वसंक्षोभणचक्र अधिष्ठात्र्यै अनङ्गकुसुमाद्यष्ट शक्तिसहित गुप्ततरयोगिनीरूपायै त्रिपुरसुन्दरीदेव्यै नमः***
   मूलाधार चक्र पर ध्यान केंद्रित करें

4. ***(ऐं क्लीं सौः) हैं ह्क्लीं हसौः चतुर्दशारात्मक सर्वसोभाग्यदायकचक्र अधिष्ठात्र्यै सर्वसंक्षोभिण्यादि चतुर्दश शक्तिसहित सम्प्रदाययोगिनीरूपायै त्रिपुरवासिनीदेव्यै नमः***
   स्वाधिष्ठान चक्र पर ध्यान केंद्रित करें

5. ***(ऐं क्लीं सौः) ह्सैं हस्क्लीं हस्सौः बहिर्दशारात्मक सर्वार्थसाधकचक्र अधिष्ठात्र्यै सर्वसिद्धिप्रदादि दशशक्तिसहित कुलोतिर्ण योगिनीरूपाय त्रिपुरा श्रीदेव्यै नमः***
   मणिपुर चक्र पर ध्यान केंद्रित करें

6. ***(ऐं क्लीं सौः) ह्रीं क्लीं ब्लें अन्तर्दशारात्मक सर्वरक्षाकरचक्र अधिष्ठात्र्यै सर्वज्ञादि दशशक्तिसहित निगर्भयोगिनीरूपायै त्रिपुरमालिनीदेव्यै नमः***
   अनाहत चक्र पर ध्यान केंद्रित करें

7. ***(ऐं क्लीं सौः) ह्रीं श्रीं सौः अष्टारत्मक सर्वरोगहरचक्र अधिष्ठात्र्यै वशिन्याद्यष्ट शक्तिसहित रहस्ययोगिनीरूपायै त्रिपुरासिद्धादेव्यै नमः***
   विशुद्धि चक्र पर ध्यान केंद्रित करें

8. ***(ऐं क्लीं सौः) ह्स्रैं हस्क्ल्रीं हस्रौः त्रिकोणात्मक सर्वसिद्धिप्रदचक्र अधिष्ठात्र्यै कामेशवर्यादि त्रिशक्तिसहित अतिरहस्ययोगिनीरूपायै त्रिपुराम्बादेव्यै नमः***
   लम्बिका चक्र पर ध्यान केंद्रित करें

9. ***(ऐं क्लीं सौः) (पञ्चदशी) बिन्दु आत्मक सर्वानन्दमयचक्र अधिष्ठात्र्यै षड़ंग आयुध दशशक्तिसहित परापरातिरहस्ययोगिनीरूपायै महात्रिपुरसुन्दरीदेव्यै नमः***
   आज्ञा चक्र पर ध्यान केंद्रित करें

पुनः आज्ञा चक्र के प्रत्येक एक अंगुलि पर

1. ***अं आं सौः नमः*** *(बिन्दौ)*
2. ***ऐं क्लीं सौः नमः*** *(अर्धचन्द्र)*

3. ह्रीं क्लीं सौः नमः (रोधिन्यां)
4. है ह्क्लीं हसौः नमः (नादे)
5. हसै हस्क्लीं हस्सौःनमः (नादान्ते)
6. ह्रीं क्लीं ब्लें नमः (शक्तो)
7. ह्रीं श्रीं सौः नमः (व्यापिकायां)
8. हौं ह्स्क्ल्रीं ह्स्रौं नमः (समनायां)
9. (पञ्चदशी) नमः (उन्मनायां)
10. (षोडशी) नमः (ब्रह्मरन्ध्रे महाबिन्दौ)

!!! श्री गुरु चरणार्पणमस्तु !!!

भाग - 4

महा गणपति साधना

ஸ்ரீவல்லபகணபதி

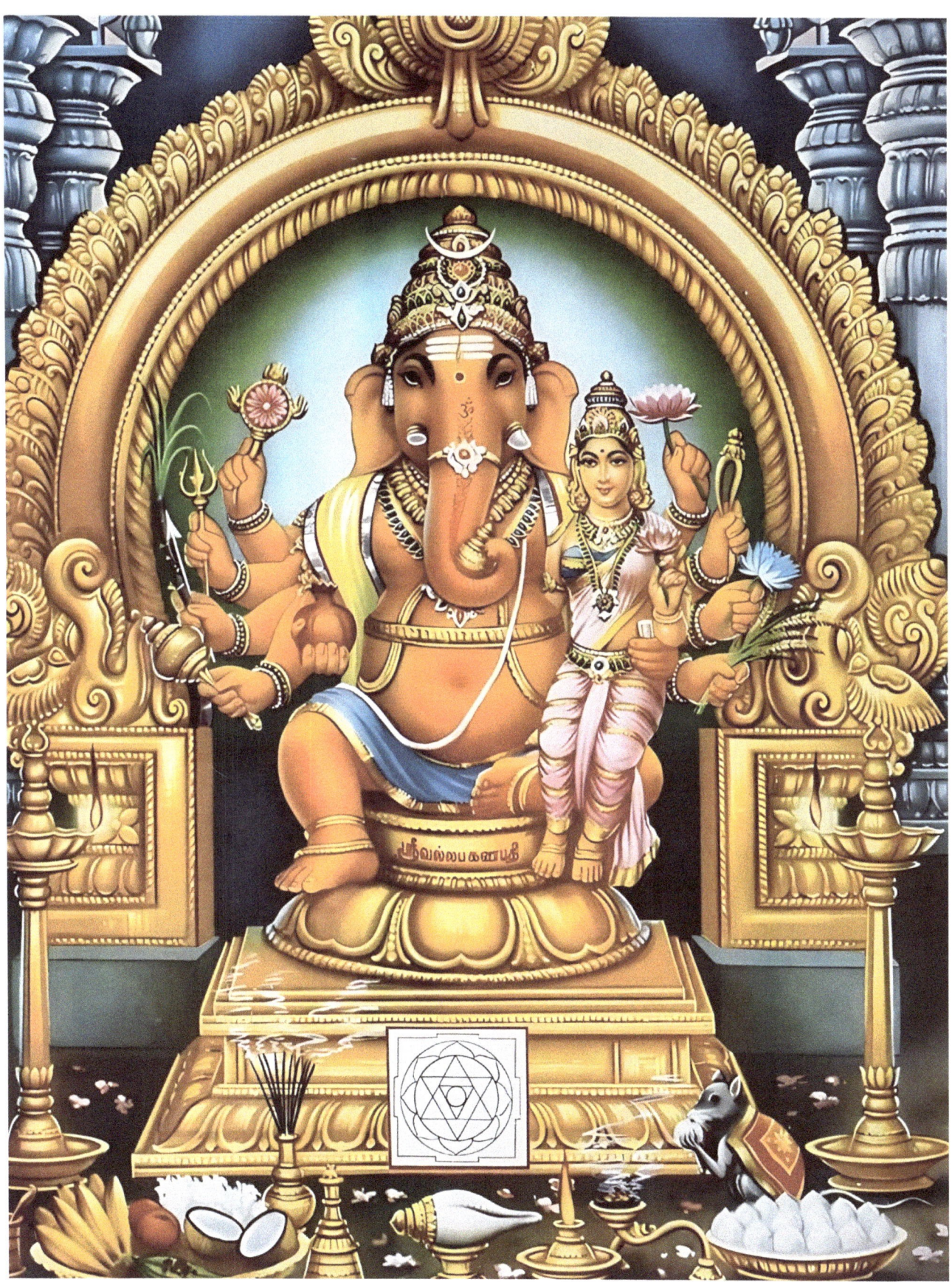

महागणपति साधना

विनियोग

ॐ अस्य श्रीमहागणपतिमन्त्रस्य गणक ऋषि निचृद् गायत्री छन्दः महागणपतिर्देवता गं बीजं स्वाहा शक्तिः ग्लौं कीलकं मम श्रीमहागणपतिप्रसाद सिद्ध्यर्थे जपे विनियोगः।

ऋष्यादिन्यास

1. ***गणकऋषये नमः*** (शिरसि)
2. ***निचृद् गायत्री छन्दसे नमः*** (मुखे)
3. ***महागणपतिदेवतायै नमः*** (हृदये)
4. ***गं बीजाय नमः*** (गुह्ये)
5. ***स्वाहा शक्तये नमः*** (पादयोः)
6. ***ग्लौं कीलकाय नमः*** (नाभौ)
7. ***महागणपति प्रसाद सिद्ध्यर्थे जपे विनियोगाय नमः*** (सर्वाङ्गे)

करन्यास

1. *ॐ श्रीं ह्रीं क्लीं ग्लौं गां अंगुष्ठाभ्यां नमः*
2. *ॐ श्रीं ह्रीं क्लीं ग्लौं गीं तर्जनीभ्यां नमः*
3. *ॐ श्रीं ह्रीं क्लीं ग्लौं गूं मध्यमाभ्यां नमः*
4. *ॐ श्रीं ह्रीं क्लीं ग्लौं गैं अनामिकाभ्यां नमः*
5. *ॐ श्रीं ह्रीं क्लीं ग्लौं गौं कनिष्ठिकाभ्यां नमः*
6. *ॐ श्रीं ह्रीं क्लीं ग्लौं गः करतलकरपृष्ठाभ्यां नमः*

हृदयादिन्यास

1. *ॐ श्रीं ह्रीं क्लीं ग्लौं गां हृदयाय नमः*
2. *ॐ श्रीं ह्रीं क्लीं ग्लौं गीं सिरसे स्वाहा*
3. *ॐ श्रीं ह्रीं क्लीं ग्लौं गूं शिखायै वषट्*
4. *ॐ श्रीं ह्रीं क्लीं ग्लौं गैं कवचाय हुम्*
5. *ॐ श्रीं ह्रीं क्लीं ग्लौं गौं नेत्रः त्रयाय वौषट्*
6. *ॐ श्रीं ह्रीं क्लीं ग्लौं गः अस्त्राय फट्*

ध्यान

गजाननं भूतगणादि सेवितं
कपित्थ जम्बूफलसार भक्षितम्।
उमासुतं शोक विनाशकारणं
नमामि विघ्नेश्वर पादपङ्कजम्॥

अर्थ *- मैं गजानन, जिनकी सेवा भूतगण आदि करते हैं, को नमन करता हूँ। वे कपित्थ और जम्बू फलों के सार का भक्षण करते हैं और देवी उमा के पुत्र हैं। समस्त शोक और विघ्नों का नाश करने वाले विघ्नेश्वर के चरणकमलों में मेरा प्रणाम।*

मंत्र

ॐ श्रीं ह्रीं क्लीं ग्लौं गं गणपतये वर वरद सर्व जन में वशमानय स्वाहा ।

सिद्धि के लिए कुल माला गिनती

1400 मालाएँ

होम, तर्पण, मार्जन, गुरुदक्षिणा, और निर्धनों को दान दें।

महागणपति की महिमा

स्वरूप

महागणपति को दस भुजाओं के साथ दर्शाया जाता है, जो उनकी अनंत शक्ति का प्रतीक है। उनका वर्ण लाल है और उनका मुख गज का है जो बुद्धिमत्ता और चतुराई का प्रतीक है।

महागणपति अपने 10 हाथों में निमनिलिखित प्रतीकों और शस्त्रों को धारण करते हैं।

1. **कमल** - यह साधक की आंतरिक शुद्धता और आध्यात्मिक उन्नति का संकेत देता है।
2. **दाड़िम (अनार)** - दाड़िम समृद्धि और उपज का प्रतीक है। इस फल में बहुत से बीज होते हैं, जो अनेक संभावनाओं और सफलता का संकेत देते हैं।
3. **गदा** - गदा शक्ति और नियंत्रण का प्रतीक है। यह शस्त्र नियमों और व्यवस्था को बनाए रखने की क्षमता का संकेत देता है।
4. **चक्र** - चक्र जीवन और मृत्यु के काल चक्र का प्रतीक है।महागणपति अपने भक्तों के जीवन चक्र को परिवर्तित कर देते हैं।
5. **टूटा हुआ दाँत** - टूटा हुआ दाँत बलिदान और त्याग का प्रतीक है। महागणपति ने अपने दाँत महाभारत लिखने के लिए त्याग दिया था।

6. **पाश** - पाश इच्छाओं और नकारात्मक शक्तियों को बाँधने और नियंत्रित करने का प्रतीक है।
7. **रत्नों से भरा घड़ा** - यह समृद्धि और परिपूर्णता का प्रतीक है।
8. **नीला कमल** - नीला कमल आध्यात्मिक जागरण और शुद्धता का प्रतीक है।
9. **चावल की बाली** - चावल की बाली उपज और पोषण का प्रतीक है।
10. **गन्ना** - गन्ना और आनंद का प्रतीक है। यह जीवन की मीठास और आनंद का प्रतीक है।

प्रतीकात्मकता

1. **सहचरी** - महागणपति को उनकी सहचरी, सिद्धि या ऋद्धि के साथ दर्शाया जाता है, जो आध्यात्मिक शक्ति और सिद्धि का प्रतिनिधित्व करती है। वह कभी-कभी उनकी बाईं ओर अंक पर बैठी हुई दिखाई जाती है।
2. **वाहन** - उनका वाहन एक चूहा है, जो हमारे चंचल मन का प्रतीक है।
3. **मुद्रा** - उन्हें आमतौर पर बैठे हुए दर्शाया जाता है, जो स्थिरता और धरातल से जुड़ाव का प्रतिनिधित्व करता है।

!!! श्री गुरु चरणार्पणमस्तु !!!

भाग - 5

वाराही साधना

वाराही साधना

विनियोग

अस्य श्री महावाराही महामन्त्रस्य। शिव ऋषिः। जगती छन्दः । श्री महावाराही देवता ।ग्लौँ बीजं ।ऐँ शक्तिः । ठः ठः ठः ठः कीलकं ।श्री महा वाराही प्रसाद सिद्ध्यर्थे जपे विनियोगः ॥

करन्यास

1. *ऐं ग्लौं ऐं नमो भगवति वार्तालि वार्तालि अङ्गुष्ठाभ्यां नमः*
2. *वाराहि वाराहि तर्जनीभ्यां नमः*
3. *वराहमुखि वराहमुखि मध्यमाभ्यां नमः*
4. *अन्धे अन्धिनि नमः अनामिकाभ्यां नमः*
5. *रुन्धे रुन्धिनि नमः कनिष्ठिकाभ्यां नमः*
6. *जम्भे जम्भिनि नमः मोहे मोहिनि नमः स्तम्भे स्तम्भिनि नमः सर्व दुष्ट प्रदुष्टानां सर्वेषां सर्व वाक् चित्त चक्षुर् मुखगति जिह्वा स्तम्भनं कुरु कुरु शीघ्रं वश्यं ऐं ग्लौं ठः ठः ठः ठः हुं करतलकर पृष्ठाभ्यां नमः*

हृदयादि न्यास

1. *ऐं ग्लौं ऐं नमो भगवति वार्तालि वार्तालि हृदयाय नमः*
2. *वाराहि वाराहि शिरसे स्वाहा*
3. *वराहमुखि वराहमुखि शिखायै वषट्*
4. *अन्धे अन्धिनि नमः कवचाय हुं*
5. *रुन्धे रुन्धिनि नमः नेत्रत्रयाय वौषट्*
6. *जम्भे जम्भिनि नमः मोहे मोहिनि नमः स्तम्भे स्तम्भिनि नमः सर्व दुष्ट प्रदुष्टानां सर्वेषां सर्व वाक् चित्त चक्षुर् मुखगति जिह्वा स्तम्भनं कुरु कुरु शीघ्रं वश्यं ऐं ग्लौं ठः ठः ठः ठः हुं अस्त्राय फट्*

ध्यानम्

वन्दे वाराह वक्त्रां वर मणिमकुटां विद्रुम श्रोत्रभूषाम् ।
हाराग्रैवेय तुङ्ग स्तन भरनमितां पीतकैशेय वस्त्राम् ।
देवीं दक्षोध्व हस्ते मुसलमथपरं लाङ्गलं वा कपालम् ।
वामाभ्यां धारयन्तीं कुवलय कलितां श्यामलां सुप्रसन्नाम् ॥

***अर्थ* - मैं उस देवी को प्रणाम करता हूँ जिसका मुख वराह के समान है, जो विशेष मणियों से जड़ित मुकुट धारण करती है, और जिसके कानों में लाल मणियों के कुण्डल शोभायमान हैं। वह हार और गले में पहने जाने वाले आभूषणों से अलंकृत है, उसके उन्नत स्तन हैं, और वह पीले रेशमी वस्त्र धारण करती है। देवी के दाहिने हाथ में मूसल और दूसरे हाथ में हल या कपाल है। उसके बाएँ हाथों में कमल के फूल हैं, वह श्यामवर्णा है और अत्यंत प्रसन्न है। "*

पञ्च पूजा

1. *लं - **पृथिव्यात्मिकायै** गन्धं **समर्पयामि।***
2. *हं - **आकाशात्मिकायै पुष्पैः पूजयामि।***
3. *यं - **वाय्वात्मिकायै धूपमाघ्रापयामि।***
4. *रं - **अग्न्यात्मिकायै दीपं दर्शयामि।***
5. *वं - **अमृतात्मिकायै अमृतं महानैवेद्यं निवेदयामि।***
6. *सं - **सर्वात्मिकायै सर्वोपचार पूजान् समर्पयामि॥***

112 अक्षर का मंत्र

ऐं ग्लौं ऐं नमो भगवति वार्तालि वार्तालि
वाराहि वाराहि वराहमुखि वराहमुखि
अन्धे अन्धिनि नमः रुन्धे रुन्धिनि नमः
जम्भे जम्भिनि नमः मोहे मोहिनि नमः
स्तम्भे स्तम्भिनि नमः सर्व दुष्ट प्रदुष्टानां
सर्वेषां सर्व वाक् चित्त चक्षुर् मुखगति जिह्वा स्तम्भनं कुरु कुरु
शीघ्रं वश्यं ऐं ग्लौं ठः ठः ठः ठः हुं अस्त्राय फट् ॥

अन्य वाराही प्रयोग

1. रक्षा मंत्र
    a. *ऐं ग्लौं ऐं वाराही! सर्वतो माम् रक्ष रक्ष दुर्गे हुं फट् स्वाहा*
    b. *ऐं नमो भगवती तिरस्कारिणी महामाये महानिद्रे सकल पशुजन मनः चक्षुः श्रोत्र तिरस्करणं कुरु कुरु हुं फट स्वाहा*
2. स्वप्न वाराही मंत्र
    a. *ॐ ह्रीं नमो वाराही घोरे स्वप्नं ठः ठः स्वाहा*
3. लघु वार्ताली
    a. *लृं वाराही लृं उन्मत भैरवी पदुकाभ्यां नमः*

4. **धन आकर्षण का वाराही मंत्र**
    a. ***क्लीं वाराही ह्रीं सिद्धि स्वरूपिणी श्रीं धनं वशंकरि धन वर्षय वर्षय स्वाहा।***
5. **संकट और शत्रु से रक्षा मन्त्र**
    a. ***क्रीं ह्लीं शत्रु वशंकरी संकट हरिणी मम मातृ ह्लीं धूं वं सर्वारिष्टं निवारय निवारय हुम् फ़ट् स्वाहा***

सिद्धि के लिए कुल माला गिनती

1400 मालाएँ

होम, तर्पण, मार्जन, गुरुदक्षिणा, और निर्धनों को दान दें।

वाराही की महिमा

1. **स्वरूप** – उनका वर्ण कृष्ण और गलते हुए सोना या धूम्रवर्ण का बताया जाता है। उनके बाल चमकीले भूरे रंग के होते हैं। उनकी तीन आँखें और आठ भुजाएँ होती हैं।
2. **शस्त्र एवं मुद्राएँ** – वाराही विभिन्न शस्त्रों और प्रतीकों को धारण करती हैं, जिनमें चक्र, शंख, कमल, पाश, गदा, हल, और मूसल शामिल हैं। उनके दो हाथ अभय (निर्भयता) और वरद (वरदान) मुद्रा में होते हैं।
3. **वाहन** – वाराही को गरुड़ पर सवार दिखाया जाता है, लेकिन उन्हें सिंह, बाघ, हाथी, घोड़ा या भैंस पर आरूढ़ भी दर्शाया जाता है।
4. **आभूषण** – वाराही एक करंड मुकुट धारण करती हैं और मूंगे एवं मोती के आभूषणों से सुसज्जित होती हैं। वह अपने पैरों में नूपुर (पायल) भी पहनती हैं।
5. **शक्ति स्वरूप** – वाराही विष्णु के वराह अवतार की शक्ति मानी जाती हैं। उन्हें तंत्र परंपरा में श्री विद्या की महामंत्रिणी एवं दंडनायिका कहा गया है।
6. **दिशा एवं तत्व** – मार्कंडेय पुराण में उन्हें उत्तर दिशा का शासक बताया गया है। वह पंचतत्वों (जल, अग्नि, पृथ्वी, वायु और आकाश) से जुड़ी हैं और इन्हें शेर, बाघ, हाथी, घोड़ा और गरुड़ द्वारा दर्शाया जाता है।
7. **रूपांतर एवं नाम** – वाराही को कभी-कभी धूम्रवाराही, पीतांबरा और बगलामुखी के रूप में भी वर्णित किया जाता है।
8. **मातृका स्वरूप** – सप्तमातृका समूह में वाराही को पंचमी कहा जाता है और मातृकाओं की पंक्ति में वह पाँचवें स्थान पर होती हैं।
9. **युद्ध में भूमिका** – ललितोपाख्यान के अनुसार, वह ललिता देवी की सेना की सेनापति थीं। युद्ध में उन्होंने विशंग राक्षस को अपने हल से खींचकर मूसल से मार डाला था।
10. **बौद्ध परंपरा** – बौद्ध धर्म में वाराही को वज्रवाराही कहा जाता है। वह दस महासिद्धियों में से एक मानी जाती हैं और आंतरिक तथा बाहरी शत्रुओं की संहारक हैं।

11. **साधना एवं ध्यान** – तंत्रराज तंत्र में साधकों के लक्ष्य के अनुसार वाराही का ध्यान विभिन्न रंगों और वाहनों के साथ करने का उल्लेख है –
    - शत्रु-विनाश के लिए पीतवर्ण और सिंह पर आरूढ़।
    - जीवन के कठिन दौर से उबरने के लिए गहरे हरे रंग में।
    - समृद्धि प्राप्ति के लिए गरुड़, हाथी या घोड़े पर विराजमान।
    - विशिष्ट सिद्धियों के लिए धूम्रवर्ण स्वरूप में।

शास्त्र वर्णन

1. **मार्कंडेय पुराण:** वाराही को वरदान देने वाली और उत्तरी दिशा की शासक के रूप में प्रशंसा की गई है।
2. **तंत्रराज तंत्र:** उन्हें स्वर्ण रंग की और कल्पवृक्ष के नीचे बैठी हुई बताया गया है।
3. **पूर्व आरण्यक:** उन्हें धनुष (सारंग-धनुष), हल, और मूसल धारण करते हुए दर्शाया गया है।
4. **देवी पुराण:** रक्तबीज पराक्रम में उनकी भूमिका का वर्णन किया गया है, जहाँ वह अपने दाँतों से असुरों का सामना करती हैं।

भूमिकाएँ

1. **विष्णु की शक्ति -** वाराही विष्णु के वाराह अवतार की शक्ति हैं।
2. **सप्त-मातृका समूह -** सप्त-मातृका में पंचमी के रूप में जानी जाती हैं, जो पाँच तत्वों का प्रतिनिधित्व करती हैं।
3. **श्री विद्या परंपरा:** एक विशिष्ट स्थान रखती हैं और देवी त्रिपुरसुंदरी की सेना की कमांडर-जनरल हैं।

ध्यान और पूजा

वाराही का ध्यान उनकी शक्तियों और सहचरों के साथ किया जाना चाहिए। उनका रंग और वाहन साधक के लक्ष्य के आधार पर भिन्न हो सकता है। वह शत्रुओं को रोकने और जीतने, और कठिन जीवन चरणों से राहत प्राप्त करने के लिए आह्वानित की जाती हैं।

अतिरिक्त विवरण

कुछ पाठों में वाराही को यम (मृत्यु का देवता) की शक्ति के रूप में पहचाना गया है। ललितोपाख्यान में उन्हें एक रथ पर सवार दिखाया गया है जिसे 1,000 वाराह खींच रहे हैं।

!!! श्री गुरु चरणार्पणमस्तु !!!

भाग - 6

मातंगी साधना

मातंगी साधना

विनियोग

अस्य मन्त्रस्य दक्षिणामूर्तिऋषिः विराट् छन्दः मातङ्गी देवता ह्रीं बीजं हूं शक्तिः क्लीं कीलकं सर्वेष्टसिद्धये जपे विनियोगः

ऋष्यादि न्यास

1. *ॐ दक्षिणामूर्तिऋषये नमः* (शिरसी)
2. *विराट् छन्दसे नमः* (मुखे)
3. *मातङ्गी देवतायै नमो* (हृदि)
4. *ह्रीं बीजाय नमो* (गुह्ये)
5. *हूं शक्तये नमः* (पादयोः)
6. *क्लीं कीलकाय नमः* (नाभौ)
7. *विनियोगाय नमः* (सर्वाङ्गे)

करन्यास

1. *ह्रां अंगुष्ठाभ्यां नमः*
2. *ह्रीं तर्जनीभ्यां नमः*
3. *ह्रूं मध्यमाभ्यां नमः*
4. *ह्रैं अनामिकाभ्यां नमः*
5. *ह्रौं कनिष्ठिकांभ्यां नमः*
6. *ह्रः करतलकरपृष्ठाभ्यां नमः*

हृदयादि न्यास

1. *ह्रां हृदये नमः*
2. *ह्रीं शिरसे स्वाहा*
3. *ह्रूं शिखायै वषट्*
4. *ह्रैं कवचाय हुं*
5. *ह्रौं नेत्र त्रयाय वौषट्*
6. *ह्रः अस्त्राय फट्*

ध्यान

श्यामाङ्गीं शशिशेखरां त्रिनयनां वेदैः करैर्बिभ्रतीं,
पाशं खेटमथांकुशं दृढमसिं नाशाय भक्तद्विषाम् ।
रत्नालङ्करण प्रभोज्ज्वल तनुं भास्वत्किरीटां शुभां
मातङ्गीं मनसा स्मरामि सदयां सर्वार्थसिद्धिप्रदाम् ॥ १ ॥

अर्थ - श्याम वर्ण वाली, चंद्रमा के समान शीर्ष वाली, तीन नेत्रों वाली, और वेदों से चिह्नित हाथों वाली एक पाश, खेट (तलवार), एक अंकुश, और एक मजबूत तलवार धारण करती हुई, जो भक्तों के शत्रुओं का नाश करती है। रत्नों से अलंकृत, प्रभामंडित शरीर वाली, चमकीले किरीट से सुशोभित, शुभ रूप वाली, मन से मैं उस दयालु, सभी कार्यों को सिद्ध करने वाली मातंगी का स्मरण करता हूँ।

मंत्र

ॐ ह्रीं क्लीं हूं मातंग्यै फट् स्वाहा।

सिद्धि के लिए कुल माला गिनती

1400 मालाएँ

होम, तर्पण, मार्जन, गुरुदक्षिणा, और निर्धनों को दान दें।

मातंगी की महिमा

1. **मातंगी देवी का स्वरूप और प्रतिष्ठा** - दस महाविद्याओं में नवमी महाविद्या देवी मातंगी हैं। उन्हें प्रकृति की स्वामिनी देवी माना जाता है। देवी मातंगी को कई नामों से जाना जाता है, जैसे - सुमुखी, लघुश्यामा, श्यामला, राज-मातंगी, कर्ण-मातंगी, चंड-मातंगी, वश्य-मातंगी, और मातंगेश्वरी। गुप्त नवरात्रि के नवमी तिथि पर उनकी विशेष पूजा और साधना की जाती है।

2. **शिव और मातंगी का संबंध** - मतंग, भगवान शिव का एक नाम है, और उनकी शक्ति मातंगी कहलाती हैं। देवी मातंगी का रंग गहरा नीला होता है। उनके मस्तक पर अर्धचंद्र सुशोभित रहता है, और उनके तीन तेजस्वी नेत्र हैं। माता रत्नजड़ित सिंहासन पर विराजमान होती हैं। उनके दाहिने हाथों में वीणा, कपाल और गुंजा के बीजों की माला होती है, जबकि बाएं हाथों में खड्ग और वेद होते हैं। उनके साथ एक तोता भी रहता है, जो वाणी और वाचन का प्रतीक है।

3. **जूठन भोग की कथा** - एक कथा के अनुसार, जब चांडाल महिलाओं ने देवी पार्वती की पूजा में अपना जूठन अर्पित किया, तो देवगण और शिवगण नाराज हो गए। किंतु माता पार्वती ने उनकी निष्ठा देखकर मातंगी रूप

धारण किया और वह भोग स्वीकार कर लिया। इस कारण माता को "मातंगी" नाम से जाना जाने लगा।

4. **तंत्र और कला की देवी** - देवी मातंगी को तंत्र, वाणी, संगीत, और कला की देवी माना जाता है। वे इंद्रजाल और जादू के प्रभाव को नष्ट करने वाली शक्ति हैं। उनकी पूजा करने से व्यक्ति में वाक्-सिद्धि, आकर्षण और स्तंभन शक्ति का विकास होता है। गृहस्थ जीवन को श्रेष्ठ बनाने के लिए भी उनकी उपासना की जाती है।

5. **साधना और सिद्धि का प्रभाव** - देवी मातंगी की साधना करने वाला व्यक्ति अपने क्रीड़ा-कौशल, कला और संगीत के माध्यम से संसार को अपने वश में करने की क्षमता प्राप्त कर सकता है। वशीकरण और सम्मोहन में भी यह महाविद्या प्रभावी मानी जाती है। पलाश और मल्लिका पुष्पों से युक्त बेलपत्रों द्वारा देवी की पूजा करने से साधक के भीतर अद्भुत आकर्षण उत्पन्न होता है।

6. **मातंगी देवी और बौद्ध धर्म** - देवी मातंगी को भारतीय आदिवासियों की देवी माना जाता है। बौद्ध धर्म में भी उनकी उपासना होती है, जहां उन्हें "मातागिरी" के नाम से जाना जाता है। तारा महाविद्या के साथ, मातंगी देवी की आराधना बौद्ध परंपराओं में भी प्रचलित है।

7. **मातंग ऋषि और उनके वंशज** - कहा जाता है कि मातंगी देवी, हनुमानजी और शबरी के गुरु मतंग ऋषि की पुत्री थीं। उनके आशीर्वाद से माता दुर्गा ने कन्या रूप में जन्म लिया था। गुजरात, महाराष्ट्र, कर्नाटक और केरल जैसे राज्यों में आज भी मातंग समाज के लोग मौजूद हैं। ऐसा माना जाता है कि मातंग, मेघवाल और किरात समाज के लोग मतंग ऋषि के वंशज हैं। कर्नाटक के पंपा सरोवर के पास स्थित मतंग ऋषि का आश्रम प्रसिद्ध है, जहां हनुमानजी का जन्म हुआ था।

!!! श्री गुरु चरणार्पणमस्तु !!!

भाग - 7

भुवनेश्वरी साधना

भुवनेश्वरी साधना

विनियोग

अस्य श्रीभुवनेश्वरीमन्त्रस्य शक्तिरऋषिः गायत्रीच्छन्दो हकारो बीजं ईकारः शक्तिरेफः कीलकं श्रीभुवनेश्वरी देवता चतुर्वर्गसिद्ध्यर्थे जपे विनियोगः।

ऋष्यादि न्यास

1. *शक्तिऋषये नमः* (शिरसी)
2. *गायत्रीच्छंदसे नमः* (मुखे)
3. *भुवनेश्वर्यै देवतायै नमः* (हृदि)
4. *हं बीजाय नमः गुह्ये* (गुह्ये)
5. *ईं शक्तये नमः पादयो* (पादयोः)
6. *रं कीलकाय नमः नाभौ* (नाभौ)
7. *विनियोगाय नमः सर्वांगे* (सर्वाङ्गे)

करन्यास

1. *ह्रां अंगुष्ठाभ्यां नमः ।*
2. *ह्रीं तर्जनीभ्यां नमः ।*
3. *ह्रूं मध्यमाभ्यां नमः ।*
4. *ह्रैं अनामिकाभ्यां नमः।*
5. *ह्रौं कनिष्ठिकाभ्यां नमः ।*
6. *ह्रः करतलकरपृष्ठाभ्याम् नमः।*

हृदयादिन्यास

1. *ह्रां हृदयाय नमः ।*
2. *ह्रीं शिरसे स्वाहा ।*
3. *ह्रूं शिखायै वशट् ।*
4. *ह्रैं कवचाय हुं ४।*
5. *ह्रौं नेत्रत्रयाय वौषट् ।*
6. *ह्रः अस्त्राय फट् ॥*

ध्यान

उद्यद्दिद्युतिमिन्दु किरीटान्तुगंकुचान्नयनत्रययुक्ताम्।
स्मेरमुखीं वरदांकुशपाशा मीतिकराम्प्रभजे भुवनेशीम्।

अर्थ – *जो उदय होते हुए प्रकाशमान चंद्रमा के समान तेजस्वी हैं, जिनके सिर पर चंद्रमंडल से सुशोभित किरीट (मुकुट) है, जिनके कुच (स्तन) दिव्य आभा से युक्त हैं और जिनकी तीन सुंदर एवं दिव्य नेत्रों की शोभा अनुपम है। जो मंद-मंद मुस्कराने वाली हैं, जो भक्तों को वरदान देने वाली हैं, जिनके हाथों में अंकुश, पाश और अभय मुद्रा है, उन संपूर्ण ब्रह्मांड की अधिष्ठात्री देवी भुवनेश्वरी की मैं वंदना करता हूँ।*

मंत्र

"ह्रीं"

सिद्धि के लिए कुल माला गिनती

36000 मालाएँ
होम, तर्पण, मार्जन, गुरुदक्षिणा, और निर्धनों को दान दें।

भुवनेश्वरी महात्मय

1. **भुवनेश्वरी महाविद्या** – देवी भुवनेश्वरी दस महाविद्याओं में चौथी महाविद्या मानी जाती हैं और प्रवृत्ति के अनुसार सौम्य कोटि की देवी हैं। वे संपूर्ण सृष्टि की अधिष्ठात्री शक्ति हैं और इन्हें आदिशक्ति एवं मूल प्रकृति भी कहा गया है।
2. **पूजा और उपासना के विशेष दिवस** – देवी भुवनेश्वरी की पूजा ग्रहण के समय, होली, दिवाली, महाशिवरात्रि, कृष्ण पक्ष एवं अष्टमी के दिन विशेष रूप से की जाती है। इनके इन दिनों पूजन से साधक को विशेष सिद्धियाँ प्राप्त होती हैं।
3. **स्वरूप** – देवी का स्वरूप अत्यंत सौम्य है। उनकी अंगकांति अरुण (लालिमा लिए हुए) होती है। उनके चार हाथ होते हैं, जिनमें अंकुश, पाश, वर और अभय मुद्रा सुशोभित रहती है।
4. **दुर्गमासुर वध एवं शक्ति का महत्व** – देवी भुवनेश्वरी ने दुर्गमासुर नामक असुर का वध किया था। इन्हें काल की जन्मदात्री भी कहा जाता है। वे संपूर्ण ब्रह्मांड की अधिष्ठात्री देवी मानी जाती हैं।
5. **साधना और फल** – देवी की साधना से साधक में सूर्य के समान तेज और ऊर्जा विकसित होती है। भुवनेश्वरी की कृपा से व्यक्ति राजनीति, शासन और प्रशासन में उच्च पद प्राप्त कर सकता है। यह महाविद्या साधक को धन, ऐश्वर्य और सिद्धियों का आशीर्वाद देती है।

6. **पुत्र प्राप्ति और सिद्धियों की देवी** – भुवनेश्वरी की आराधना पुत्र प्राप्ति के लिए की जाती है। यह महाविद्या वाक् सिद्धि, आकर्षण शक्ति और अभय प्रदान करती है। उनके साधक को संसार के सभी महाबली शक्ति रूपों का सम्मान मिलता है।
7. **प्रमुख मंदिर** – तमिलनाडु के **पुदुक्कोट्टई**, ओडिशा के **पुरी एवं कटक**, गुजरात के **गोंडल**, असम के **गुवाहाटी,** दक्षिण भारत में **वेल्लाकुलान्गारा**, उत्तर प्रदेश के **मथुरा** और महाराष्ट्र के **सांगली** जिले में देवी भुवनेश्वरी के प्रसिद्ध मंदिर स्थित हैं।

!!! श्री गुरु चरणार्पणमस्तु !!!

भाग - 8

होम प्रकरण

होम विधि

हवन आरंभ करने से पहले अपने मन में धरती माता का स्मरण करें, जो सभी प्राणियों का पोषण करती हैं। भगवान गणेश का ध्यान करें, जो सभी विघ्नों को हरते हैं। इसके पश्चात अपने इष्ट देवता, माता-पिता, गोत्र के ऋषि, समस्त ऋषि एवं अपने सभी गुरुओं का स्मरण करें। अंत में सभी देवताओं से अपने होम में सहयोग प्रदान करने की प्रार्थना करें।

आचमन (शुद्धि के लिए जल ग्रहण)

निम्नलिखित मंत्रों का जाप करते हुए तीन बार जल ग्रहण करें

1. *ॐ केशवाय स्वाहा*
2. *ॐ माधवाय स्वाहा*
3. *ॐ नारायणाय स्वाहा*

भगवान गणेश की प्रार्थना

होम करते समय भगवान गणेश से सभी बाधाओं को दूर करने की प्रार्थना करें

ॐ वक्रतुण्ड महाकाय सूर्यकोटि समप्रभ।
निर्विघ्नं कुरु मे देव सर्वकार्येषु सर्वदा।

कलश स्थापना

एक कलश में जल रखें और भावना करें कि भारत की विभिन्न नदियों का सारा शुभ रस कलश के जल में प्रवेश कर रहा है। चावल और फूल चढ़ाकर और ग्यारह बार *"वं वरुणाय नमः"* मंत्र का जाप करके कलश को शुद्ध करें। इस कलश में से थोड़ा जल अपने ऊपर, होम कुंड पर तथा सभी पूजा सामग्री पर छिड़ककर शुद्ध करें। अब निम्नलिखित मंत्रों का जप करें और बताए गए सभी देवताओं को मन ही मन प्रणाम करें।

1. *ॐ ब्रह्मणे नमः*
2. *ॐ यमाय नमः*
3. *ॐ सोमाय नमः*
4. *ॐ रुद्राय नमः*
5. *ॐ विष्णवे नमः*
6. *ॐ इंद्राय नमः*

होमम के लिए सामग्री

1. 1 कप तिल,

2. आधा कप चावल (कच्चा या फूला हुआ),
3. ¼ कप जौ
4. 1/8 कप चीनी (या ब्राउन शुगर)
5. इन सबको इतना घी डालकर मिलाएँ कि सारे दाने अच्छी तरह से मिल जाएँ।

आप इस मिश्रण में सूखे मेवे भी मिला सकते हैं।

प्रक्रिया

1. होम-कुंड में षट्कोण के आकार में 6 लकड़ियाँ रखें।
2. होम-कुंड में सिंदूर से मूल अक्षर (ॐ, ह्रीं, ह्लीं, क्रीं आदि) लिखें।
3. कुंड में कुछ कर्पूर या जलती हुई बाती रखकर अग्नि प्रज्वलित करें।
4. पूजा मंत्रों का जाप करते हुए, विभिन्न आहुतियों द्वारा अग्नि-देवता की पूजा करें।

अग्नि की पूजा

होम-कुंड में पुष्प अर्पित करके अग्निदेव को आसन प्रदान करें तथा निम्नलिखित मंत्रों का जाप करते हुए उन्हें प्रणाम करें।

वैश्वानर नमस्तेस्तु हव्य वाहना।
स्वागतम् ते सुर श्रेष्ठम् शांतिम् ते नमोस्तुते॥

अर्थ *- वैश्वानर देव, आपको मेरा नमन। आप हव्य (हवन सामग्री) के वाहन हैं। आपका स्वागत है, ओ देवों में श्रेष्ठ। आपको मेरा नमन, आप शांति के प्रतीक हैं।*

हे सर्वत्र विद्यमान, देवताओं में श्रेष्ठ, हवि को धारण करने वाले, हम आपका स्वागत करते हैं और आपको प्रणाम करते हैं। आप शांतिपूर्वक हमारे साथ रहें।

1. ***ॐ आग्नेय नमः / आसनं समर्पयामि॥***
   अग्निदेव को नमस्कार, हम आपको एक आसन प्रदान करते हैं।

2. ***ॐ आग्नेय नमः / पाद्यं समर्पयामि***
   अग्निदेव को नमस्कार, हम आपके पैर धोने के लिए सुगंधित जल अर्पित करते हैं।

3. ***ॐ आग्नेय नमः / आचमनीयं समर्पयामि॥***

अग्निदेव को नमस्कार, हम आपको मुख शुद्धि हेतु जल प्रदान करते हैं।

4. ***ॐ आग्नेय नमः / अर्घ्यं समर्पयामि ll***
   अग्निदेव को नमस्कार, हम आपके हाथ धोने के लिए जल अर्पित करते हैं।

5. ***ॐ आग्नेय नमः / स्नानीयं समर्पयामि ll***
   अग्निदेव को नमस्कार, हम आपको स्नान के लिए जल प्रदान करते हैं।

6. ***ॐ आग्नेय नमः / अंग प्रोक्षण एवं वस्त्रं समर्पयामि ll***
   अग्निदेव को नमस्कार, हम आपको तौलिया और साफ कपड़े प्रदान करते हैं।

7. ***ॐ आग्नेय नमः / अलंकारम् समर्पयामि ll***
   अग्निदेव को नमस्कार, हम आपको आभूषण प्रदान करते हैं.

8. ***ॐ आग्नेय नमः / गन्धं समर्पयामि ll***
   अग्निदेव को नमस्कार, हम आपको सुगंध प्रदान करते हैं

9. ***ॐ आग्नेय नमः / पुष्पम् समर्पयामि ll***
   अग्निदेव को नमस्कार, हम आपको पुष्प अर्पित करते हैं।

10. ***ॐ आग्नेय नमः / धूपम् समर्पयामि ll***
    अग्निदेव को नमस्कार, हम आपको धूप अर्पित करते हैं।

11. ***ॐ आग्नेय नमः / दीपम् समर्पयामि ll***
    अग्निदेव को नमस्कार, हम आपको दीप अर्पित करते हैं।

12. ***ॐ आग्नेय नमः / नैवेद्यम् समर्पयामि ll***
    अग्निदेव को नमस्कार, हम आपको स्नान के लिए जल अर्पित करते हैं।

अब, जलते हुए कर्पूर के ऊपर एक या एक से अधिक सूखे नारियल के टुकड़े (या एक लट्ठा/टहनी/लकड़ी का टुकड़ा/अग्नि प्रज्वलित करने वाली लकड़ियाँ) रखें और सुनिश्चित करें कि वह आग पकड़ ले, फिर निम्नलिखित मंत्रों का जाप करें।

13. *ॐ आग्नेय नमः*

14. ***ॐ आग्नेय नमः । ऊर्ध्व मुखो भव ॥***
अग्निदेव को नमस्कार है। लपटें सीधी उठें।

15. ***ॐ आग्नेय नमः । चैतन्यौ भव ॥***
अग्निदेव को नमस्कार है, ज्वाला चैतन्य हो।

अग्नि का शोधन (संस्कार)

घी की 8 बूँदें चढ़ाएँ और ***"ॐ भूः भुवः सुवः स्वाहा"*** का जप करें।अब, होम कुंड के चारों ओर जल छिड़कें ताकि वहाँ रहने वाले देवता शांत हो जाएँ।

दिग्पाल पूजा - दस दिशाओं के देवताओं की पूजा

देवताओं की पूजा के लिए नीचे दिए गए मंत्रों का जाप करें। सभी दस दिशाओं में फूल और चावल चढ़ाएँ, घड़ी की दिशा में जाएँ (पूर्व, दक्षिण-पूर्व, दक्षिण-पश्चिम आदि से शुरु करके)। होम कुंड के किनारे पर फूल रखें। ब्रह्मा के लिए, जो ऊपर की दिशा के स्वामी है, फूल को उत्तर-पूर्व और पूर्व के मध्य में रखें। शेष के लिए, जो नीचे की दिशा के स्वामी है, फूल को दक्षिण-पश्चिम और पश्चिम के मध्य में रखें।फिर होम कुंड में अग्नि देवता को फूल चढ़ाएँ।

अंत में, अपने ह्रदय को स्पर्श करें और मानसिक रुप से अपनी आत्मा को अर्पित करें।

1. ***ॐ इन्द्राय नमः ॥***
पूर्व दिशा के स्वामी इन्द्र को नमस्कार

2. ***ॐ आग्नेय नमः ॥***
दक्षिण-पूर्व दिशा के स्वामी अग्नि को नमस्कार

3. ***ॐ यमाय नमः ॥***
दक्षिण दिशा के स्वामी यम को नमस्कार

4. ***ॐ नैऋत्ये नमः ॥***
दक्षिण-पश्चिम दिशा के स्वामी निऋत्ति को नमस्कार

5. *ॐ वरुणाय नमः ॥*
   पश्चिम दिशा के स्वामी वरुण को नमस्कार

6. *ॐ वायव्ये नमः ॥*
   उत्तर-पश्चिम दिशा के स्वामी वायु को नमस्कार

7. *ॐ सोमाय नमः ॥*
   उत्तर दिशा के स्वामी सोम को नमस्कार

8. *ॐ ईशानाय नमः ॥*
   उत्तर-पूर्व दिशा के स्वामी ईशान को नमस्कार

9. *ॐ ब्रह्मणे नमः ॥*
   ऊपरी दिशा के स्वामी ब्रह्मा को नमस्कार

10. *ॐ शेषाय नमः ॥*
    नीचे की दिशा के शासक, शेष को नमस्कार

11. *ॐ आग्नेय नमः ॥*
    अग्नि देवता, अग्नि को नमस्कार

12. *ॐ आत्मने नमः ॥*
    आत्मा को नमस्कार

प्रारंभिक आहुति
होम कुंड में आग पर केवल घी चढ़ाएं और साथ में निम्न मंत्रों का जाप करें।

1. *ॐ प्रजापतये स्वाहा । इदं प्रजापतये न मम ॥*
   सभी प्राणियों के जनक को नमस्कार। यह आहुति प्रजा पति की है, मेरी नहीं।

2. *ॐ इंद्राय स्वाहा । इदं इंद्राय न मम ॥*
   देवताओं के स्वामी को नमस्कार। यह आहुति इंद्र की है, मेरी नहीं

3. *ॐ आग्नेय स्वाहा । इदं आग्नेय न मम।*
अग्नि के स्वामी को नमस्कार। यह आहुति अग्नि देवता की है, मेरी नहीं।

4. *ॐ सोमाय स्वाहा । इदं सोमाय न मम ll*
पोषण के स्वामी को नमस्कार। यह आहुति सोम की है, मेरी नहीं।

5. *ॐ भूः स्वाहा । इदं आग्नेय न मम ll*
भूमि को नमस्कार। यह आहुति भूमि की है, मेरी नहीं।

6. *ॐ भुवः स्वाहा।इदं वायुवे न मम ll*
भुवर्लोक को नमस्कार। यह आहुति भुवः की है, मेरी नहीं।

7. *ॐ सुवः स्वाहा । इदं सूर्याय न मम।*
स्वर्गलोक को नमस्कार। यह आहुति स्वर्गलोक की है, मेरी नहीं।

गणेश, गुरु, भैरव और दस महाविद्याओं का आह्वान

ध्यान करें और इन देवताओं को होम की अध्यक्षता करने और अपनी आहुति प्राप्त करने के लिए आमंत्रित करें। उन्हें मन ही मन फूल, चावल, सिंदूर, धूप, दीप और अपनी हार्दिक प्रार्थनाएँ अर्पित करें। फिर निम्नलिखित मंत्रों के साथ आहुति दें।

1. *ॐ गं गणपतये नमः, स्वाहा ll*

2. *ॐ परम तत्वाय नारायणाय गुरुभ्यो नमः, स्वाहा ll*

3. *ॐ त्रिम् त्रिम् त्रिजटाय नमः, स्वाहा ll*

4. *ॐ क्रीं क्रीं भूतनाथाय नमः, स्वाहा ll*

5. *ॐ ह्लीम दिव्य चेतनानंदाय ह्लीम ॐ नमः, स्वाहा ll*

6. *क्लीं ललिता शरण स्मिताम्बिकायैः क्लीं स्वाहा, स्वाहा ll*

उपरोक्त आहुतियां देने के बाद आगे निम्नलिखित आहुतियां दें।

1. ***ॐ परम तत्वाय नारायणाय गुरुभ्यो नमः, स्वाहा / इदं गुरुवे न मम ॥***
   गुरु के रुप में सर्वोच्च वास्तविकता नारायण को नमस्कार। यह आहुति गुरु के लिए है, मेरे लिए नहीं।

2. ***ॐ विष्णवे स्वाहा / इदं विष्णवे न मम ॥***
   संरक्षण के देवता, विष्णु को नमस्कार। यह आहुति विष्णु के लिए है, मेरे लिए नहीं।

3. ***ॐ शम्भवे स्वाहा / इदं शम्भवे न मम ॥***
   विनाश के देवता, शम्भू को नमस्कार। यह आहुति शम्भू के लिए है, मेरे लिए नहीं।

4. ***ॐ लक्ष्मयै स्वाहा / इदं लक्ष्म्यै न मम ॥***
   समृद्धि की देवी, लक्ष्मी को नमस्कार। यह आहुति लक्ष्मी के लिए है, मेरे लिए नहीं।

5. ***ॐ सरस्वत्यै स्वाहा / इदं सरस्वत्यै न मम ॥***
   ज्ञान की देवी सरस्वती को नमस्कार। यह आहुति सरस्वती के लिए है, मेरे लिए नहीं।

6. ***ॐ भूम्यै स्वाहा / इदं भूम्यै मम ॥***
   पृथ्वी की देवी भूमि को नमस्कार। यह आहुति भूमि के लिए है, मेरे लिए नहीं।

7. ***ॐ सूर्याय स्वाहा / इदं सूर्याय न मम ॥***
   सूर्यदेवता सूर्य को नमस्कार। यह आहुति सूर्य के लिए है, मेरे लिए नहीं।

8. ***ॐ चन्द्रमसे स्वाहा / इदं चन्द्रमसे न मम ॥***
   चन्द्रमा देवता चन्द्र को नमस्कार। यह आहुति चन्द्र के लिए है, मेरे लिए नहीं।

9. ***ॐ भौमाय स्वाहा / इदं भौमाय न मम ॥***
   मंगल ग्रह के देवता भौम को नमस्कार। यह आहुति भौम के लिए है, मेरे लिए नहीं।

10. ***ॐ बुधाय स्वाहा / इदं बुधाय न मम ॥***
    बुध ग्रह के देवता बुद्ध को नमस्कार। यह आहुति बुद्ध के लिए है, मेरे लिए नहीं।

11. *ॐ बृहस्पतये स्वाहा / इदं बृहस्पतये न मम॥*
    बृहस्पति ग्रह के देवता बृहस्पति को नमस्कार। यह आहुति बृहस्पति के लिए है, मेरे लिए नहीं।

12. *ॐ शुक्राय स्वाहा / इदं शुक्राय न मम॥*
    शुक्र ग्रह के देवता शुक्र को नमस्कार। यह आहुति शुक्र के लिए है, मेरे लिए नहीं।

13. *ॐ शनैश्चराय स्वाहा / इदं शनैश्चराय न मम॥*
    शनि ग्रह के देवता शनि को नमस्कार। यह आहुति शनि के लिए है, मेरे लिए नहीं।

14. *ॐ भैरवाय स्वाहा / इदं भैरवाय न मम॥*
    दंड के देवता भैरव को नमस्कार। यह आहुति भैरव के लिए है, मेरे लिए नहीं।

15. *ॐ राहवे स्वाहा / इदं राहवे न मम॥*
    राहु ग्रह के देवता को नमस्कार। यह आहुति राहु के लिए है, मेरे लिए नहीं

16. *ॐ केतवे स्वाहा / इदं केतवे न मम॥*
    केतु ग्रह के देवता को नमस्कार। यह आहुति केतु के लिए है, मेरे लिए नहीं।

17. *ॐ व्युष्टये स्वाहा / इदं व्युष्टये न मम॥*
    भोर के देवता व्युष्टि को नमस्कार। यह आहुति व्युष्टि के लिए है, मेरे लिए नहीं।

18. *ॐ उग्राय स्वाहा / इदं उग्राय न मम॥*
    भगवान उग्र की आक्रामक ऊर्जा को नमस्कार। यह आहुति उग्र के लिए है, मेरे लिए नहीं।

19. *ॐ शतक्रतवे स्वाहा / इदं शतक्रतवे न मम॥*
    सभी अच्छे कर्मों में व्याप्त ऊर्जा, शतक्रता को नमस्कार। यह आहुति शतक्रता के लिए है, मेरे लिए नहीं।

20. *ॐ वरुणाय स्वाहा / इदं वरुणाय न मम॥*
    जल के देवता, वरुण को नमस्कार। यह आहुति वरुण के लिए है, मेरे लिए नहीं।

21. *ॐ स्थान देवताभ्यो नमः स्वाहा॥*
    इस स्थान के देवता, स्थान देवता को नमस्कार। हम आहुति अर्पण करते हैं।

22. ॐ कुल देवताभ्यो नमः स्वाहा ॥

पितृ देवता, कुल-देवता को नमस्कार। हम आपको आहुति अर्पण करते हैं।

23. ॐ ग्राम देवताभ्यो नमः स्वाहा ॥

इस शहर के देवता, ग्राम देवता को नमस्कार है। हम आपको आहुति अर्पण करते हैं।

24. ॐ दश दिग्पालेभ्यो नमः स्वाहा ॥

दसों दिशाओं के देवताओं, को नमस्कार है। हम आपको आहुति अर्पण करते हैं।

दस महाविद्याओं को आहुति

प्रत्येक देवी के लिए 11 बार या 21 या 51 या 108 बार मंत्र का जाप करके सभी महाविद्याओं को आहुति दी जा सकती है।

1. **हवन -** यदि साधक किसी विशेष महाविद्या साधना कर रहा है, तो उसे जपे गए मंत्र की कुल संख्या का 1/10 भाग अग्नि में आहुति देनी होगी। उदाहरण के लिए, यदि साधक ने अपनी साधना के भाग के रूप में 125,000 बार मंत्र का जाप किया है, तो उसे 12500 बार आहुति (1/10वां x 125,000) देनी चाहिए। यह कई दिनों तक किया जा सकता है। प्रतिदिन एक निश्चित संख्या में आहुति दी जानी चाहिए या आहुति की संख्या को प्रतिदिन धीरे-धीरे बढ़ाया जा सकता है जब तक कि उस विशेष साधना के लिए सभी आहुति न दी जाएँ। इसे तर्पण और मार्जन करके समाप्त करना चाहिए।
2. **तर्पण** - आहूति की कुल संख्या का 1/10वीं मात्रा में देवियों को जल अर्पित करके किया जाता है (उदाहरण: 1/10वां x 12500 अग्नि आहुति = 1250 तर्पण)।
3. **मार्जन -** मार्जन में अपने सिर पर जल छिड़का जाता है। मार्जन की कुल संख्या तर्पण का 1/10वां भाग है। (उदाहरण: 1/10वां x 1250 तर्पण = 125 मार्जन)।
4. **गुरू दक्षिणा और दान** - अग्नि आहुति देने के बाद, गुरु से आशीर्वाद लेना चाहिए और उन्हें फल, फूल और उपहार अर्पित करना चाहिए। मंदिरों, पुजारियों और जरूरतमंद लोगों को दान भी देना चाहिए।

दस महाविद्याओं के मंत्र

काली मंत्र

1. ***क्रीं क्रीं क्रीं ह्रीं ह्रीं हुं हुं दक्षिणे कालीके क्रीं क्रीं क्रीं ह्रीं ह्रीं हुं हुं स्वाहा।***
2. वैकल्पिक रूप से: ***क्रीं क्रीं काल्यै क्रीं क्रीं स्वाहा।***
3. वैकल्पिक रूप से: ***मायाबीज कामबीज वागबीज श्यामाकाल्यै स्वाहा***

तारा मंत्र

1. *ऐं ॐ ह्रीं स्त्रीं हुं फट्*

षोडशी त्रिपुरा सुंदरी मंत्र

1. *ह्रीं क ऐ ई ल ह्रीं ह स क ह ल ह्रीं स क ल ह्रीं*
2. *ऐं क्लीं सौः*

भुवनेश्वरी मंत्र

1. *ह्रीं*

छिन्नमस्ता मंत्र

1. *श्रीं ह्रीं क्लीं ऐं वज्र वैरोचनिये हुं हुं फट स्वाहा।*

त्रिपुर भैरवी मंत्र

1. *हसैं हसक्रीं हसैं*

धूमावती मंत्र

1. *धूं धूं धूमावती ठः ठः*

बगलामुखी मंत्र

1. *ॐ ह्रीं बगलामुखी सर्वदुष्टानां वाचं मुखं पदं स्तम्भय । जिह्वां कीलय बुद्धिं विनाशय ह्रीं ॐ स्वाहा ॥*
   या वैकल्पिक रूप से
2. *ॐ ह्लीं बगले परमेश्वरी ह्लीं ॐ स्वाहा*

मातंगी मंत्र

1. *ॐ ह्रीं क्लीं हुं मातंग्यै फट् स्वाहा।*

कमला मंत्र

1. *ॐ ऐं ह्रीं श्रीं क्लीं हसौं जगत प्रसूत्यै नमः*

बलिदान - शुद्धान्न बलि (शुद्ध चावल की बलि)

अब, हमें बलि अर्पित करनी है। पके हुए सफ़ेद चावल (या केले के टुकड़े या कुछ अन्य फल के टुकड़े या किशमिश) लें। बलि के रूप में थोड़ी सी धन राशि रखें। आपको होम कुंडम के बाहर छह अलग-अलग जगहों पर बलि रखनी होगी।

सबसे पहले इसे होम कुंड के पूर्व में रखें। फिर पश्चिम में, फिर उत्तर में, फिर दक्षिण में और अंत में पूर्व में दो और (पूर्व में रखी गई पिछली बलियों से थोड़ा उत्तर की ओर)। क्रम और स्थिति नीचे दिए गए चित्र में देखी जा सकती है। छह स्थानों पर बलि चढ़ाते समय, निम्नलिखित मंत्र का उच्चारण किया जा सकता है:

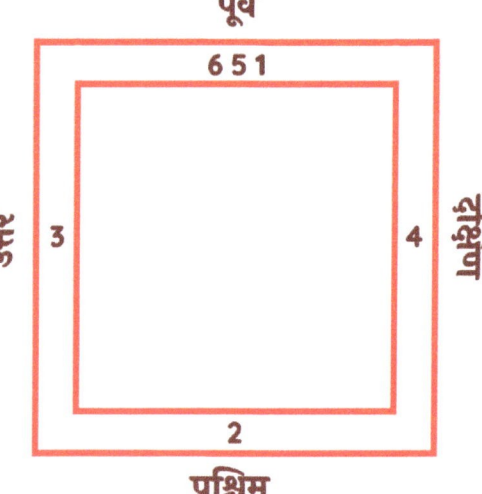

ॐ पार्षदेभ्यो नमः। बलिं समर्पयामि।

बलि चढ़ाने के बाद बचे हुए चावल को फेंक देना चाहिए और उसका सेवन नहीं करना चाहिए।

पूर्णाहुति - होम का समापन

अंतिम आहुति के लिए एक पूरा गोल आकार का नारियल लें जो हमारे अहंकार का प्रतीक है। इसे पूरी तरह से घी से चुपड़ लें। अपने हृदय से अपनी इच्छा व्यक्त करें, अपनी प्रार्थना करें और पवित्र अग्नि के रूप में उपस्थित सभी गुरुओं और देवताओं को पूरी तरह से आत्मसमर्पण कर दें। निम्नलिखित का जप करें।

ॐ पूर्णमदः पूर्णमिदं पूर्णात्पूर्णमुदच्यते ।
पूर्णस्य पूर्णमादाय पूर्णमेवावशिष्यते ॥

अर्थ - ब्रह्म असीम है, अनंत ब्रह्मांड अनंत ब्रह्म से निकलते हैं और उसमें समा जाते हैं, ब्रह्म अपरिवर्तित रहता है।

समापन और ध्यान

स्थान को ठंडा करने के लिए होम कुंड के चारों ओर पानी छिड़कें। बैठकर ज्वालाओं पर ध्यान करें। आप ज्वालाओं में किसी देवता या अपने गुरु की भावना कर सकते हैं और ध्यान कर सकते हैं, उनकी उपस्थिति और कंपन को महसूस कर सकते हैं। यह पवित्र अग्नि के साथ एकीकार होने का सबसे उत्तम समय है। आप इस अवस्था में उनका आशीर्वाद और शक्तियाँ प्राप्त कर सकते हैं। कम से कम 5-10 मिनट या और अधिक समय तक ध्यान करें।

अब होम कुंड के चारों ओर 3 बार परिक्रमा करें और होम कुंड की राख को अपने माथे पर लगाएं अग्नि को अपने आप बुझने दें। जल्दी होने पर, आप आग पर दूध छिड़ककर भी उसे बुझा सकते हैं। पानी न छिड़कें क्योंकि इससे आग भड़क जाएगी। (पानी और आग प्राकृतिक शत्रु हैं!)

होम समापन

अग्नि देवता को प्रणाम करें। भावना करें कि देवता अग्नि रुप को छोड़कर अब आपके हृदय पर स्थित हैं। अग्नि यज्ञ करते समय आपके द्वारा की गई सभी गलतियों के लिए क्षमा मांगें। अपने सभी कर्मों के फल नारायण को समर्पित करें।

कायेन वाचा मनसेन्द्रियैर्वा ।
बुद्ध्यात्मना वा प्रकृतिस्वभावात् ।
करोमि यद्यत्सकलं परस्मै ।
नारायणयेति समर्पयामि ॥

मंत्र हीनं क्रिया हीनं भक्ति हीनं सुरेश्वरी
यद पूजितं मया देवी परीपूर्णं तदस्तु मे।
ॐ शांति शांति शान्तिः ॥

!!! श्री गुरु चरणार्पणमस्तु !!

दैनिक पूजा अनुष्ठान (केवल मंत्र)

गुरु और गणेश का आह्वान

- गुरु मन्त्र "***ॐ गुं गुरुभ्यो नमः***" का जप करके गुरु तत्व को जागृत करें ।
- तत्पश्चात "***ॐ गं गणपतये नमः***" का जप करके गणेश जी का स्मरण करें ।

शुद्धि मंत्र

ॐ अपवित्रः पवित्रो वा सर्वावस्थां गतोऽपि वा
यः स्मरेत् पुण्डरिकाक्षं सर्व बाह्या अभ्यन्तरः शुचिः

शिखा बंधन

ॐ मणिधारिणि वज्रिणी महा प्रतिसरे रक्ष रक्ष हुं फट् स्वाहा

भस्म धारण

ॐ त्रयंबकं यजामहे सुगन्धिं पुष्टिवर्धनम्।
उरुवारुक्मिव बन्धनात् मृत्यु मोक्षिय् मामृतात।।

जल से आत्म शुद्धि

ऐं आत्म तत्त्व शोधयामि स्वाहा	*प्रथम आचमन*
ह्रीं विद्या तत्व शोधयामि स्वाहा	*द्वितीय आचमन*
क्लीं शिव तत्त्व शोधयामि स्वाहा	*तृतीय आचमन*
ऐं ह्रीं क्लीं सर्व तत्त्व शोधयामि स्वाहा	*चतुर्थ आचमन*

धरती माँ का पूजन

ॐ ह्रीं आधारशक्तये नमः।

आसन का पूजन

ॐ आः सुरेखे वज्रे रेखे हुं फट् स्वाहा ।

ॐ क्षेत्रपालाय नमः ।

न्यास-

ॐ पृथ्वी आसन मन्त्रस्य मेरु पृष्ठः ऋषिः सुतलं छन्दः। कूर्मो देवता आसने विनियोगः।

ॐ पृथ्वी त्वया धृता लोका
देवी त्वं विष्णुनां धृता
त्वं च धारय मां नित्यं
देवीम् पवित्रं कुरुचासनं।

1. ॐ पृथ्वीव्यै नमः
2. ॐ कूर्माय नमः
3. ॐ अनन्ताय नमः
4. ॐ विमलायै नमः
5. ॐ योगपीठाय नमः

गुरु परम्परा की पूजा

1. ॐ गुं गुरुभ्यो नमः
2. ॐ पं परम् गुरुभ्यो नमः
3. ॐ पं परात्पर गुरुभ्यो नमः
4. ॐ पं परमेष्ठी गुरुभ्यो नमः
5. ॐ पं परापर गुरुभ्यो नमः
6. ॐ सिद्धाश्रमाय नमः
7. ॐ सिद्धाश्रमस्य समस्त ऋषिभ्यो नमः

कलश स्थापन पूजन

वं वरुणाय नमः

ॐ ब्रम्हाण्डोपरि तीर्थानिकरैः स्पृष्ठानि ते रवे
तेन सत्येन मे देव तीर्थं देहि दिवाकर ॥
ॐ गंगेच यमुने चैव, गोदावरि सरस्वति ।
नर्मदे सिंधु कावेरी, जलेऽस्मिन सन्निधिं कुरु ॥

1. *ॐ पूर्वे ऋगवेदाय नमः*
2. *ॐ उत्तरे यजुर्वेदाय नमः*
3. *ॐ पश्चिमें अथर्व वेदाय नमः*
4. *ॐ दक्षिणे सामवेदाय नमः*

पुष्प शुद्धि

ॐ पुष्पकेतु राजार्हत, पुष्पे पुण्य सम्भवे ।
पुष्पचयावकीर्णे हुं फट् स्वाहा॥

शंख स्थापन

जलपात्र के पास शंख रखें तथा सिंदूर, फूल और चावल से उसकी पूजा करें।

घण्टा नाद

आगमर्थं तु देवानां गमनार्थंतु राक्षसाम् ।
घण्टानादं प्रकुर्वीत पश्चाद घण्टां प्रपूजयेत॥

दिग्पाल पूजन

ॐ इन्द्रादि दशदिक्पालेभ्यो नमः।

द्वारपाल पूजन

ॐ गणेशादि द्वारपालेभ्यो नमः

पाप शमन मंत्र

ॐ देवी त्वत् प्रकृति चिन्तां पापाक्रान्तं
भून्नमं तन्निस्सरन्तु चिंत्तान्मे पापं हुं फट् च ते नमः।।

शरीर मन और वाणी की शुद्धि का मंत्र

आः हुं फट् स्वाहा।

दीप अर्पण

दं दीपनाथाय नमः।

पाँच सार्वभौमिक तत्व

सूर्यः सोमो यमः कालो महा भूतानि पञ्च च।
एते शुभाशुभ स्येः कर्मणो भव साक्षिणः।

बाधा शमन

- *ॐ सर्व विघ्न अनुत्सराय् हुं फट् स्वाहा ।*
  अथवा
- *ॐ अपसर्न्तु ते भूता ये भूता भूमि संस्थिताः ये भूता विघ्न कर्तारः ते नश्यन्तु शिवाज्ञया ।*

अब बाएं पैर के टखने को **"फट् फट्"** कहते हुए ज़मीन पर तीन बार पटकें ।

अग्नि चक्र

भावना करें कि आप अग्नि के एक दिव्य घेरे में विराजमान हैं और साथ ही मूल अक्षर **"रं रं"** का जप करें। कल्पना करें कि यह **अग्नि कवच** किसी भी अशुभ ऊर्जा को अंदर प्रवेश नहीं करने दे रहा है। अग्निदेव की सुरक्षा और उनकी ऊर्जाओं की उपस्थिति को गहराई से महसूस करें।

आत्मा संरक्षण

ॐ दुर्गे रक्षिणी हुं हुं फट स्वाहा ।

भगवान् गणेश से प्रार्थना

ॐ सर्व विघ्नहरः तस्मै श्री गणाधिपतये नमः।

नवग्रह प्रार्थना

ब्रह्मा मुरारी त्रिपुरान्तकारिः भानुः शशिः भूमिसुतो बुधश्च।
गुरुश्च शुक्रः शनि राहु केतवः सर्वे ग्रहा शान्तिकरा भवन्तु।।

वास्तुपुरुष प्रार्थना

ॐ वास्तु पुरुषाये नमः

भगवान् भैरव से प्रार्थना

तीक्ष्ण दन्त महाकाय कल्पान्त दहनोपम।
भैरवाय नमस्तुभ्यम् अनुज्ञाम् दातुमर्हसि

संकल्प मन्त्र

ममोपात्त, दुरित क्षयद्वारा, श्री परमेश्वर प्रीत्यर्थं, अस्माकं सहकुटुम्बस्य,
क्षेमस्थैर्य विजय अभय आयुरारोग्य ऐश्वर्याभिवृद्धियर्थम्, धर्मार्थ काम मोक्ष चतुर्विध
फल पुरुषार्थ सिद्ध्यर्थं मंत्र जपं अहम् करिष्ये ।

!!! श्री गुरु चरणार्पणमस्तु!!!

दैनिक साधना मंत्र (केवल मंत्र)

गणेश मंत्र

ॐ गं गणपतये नमः॥

गुरु मंत्र

1. *ॐ परम तत्त्वाय नारायणाय गुरुभ्यो नमः*
2. *ॐ त्रीं त्रीं त्रिजटाय नमः*
3. *ॐ क्रीं क्रीं भूतनाथाय नमः*
4. *ॐ ह्लीं दिव्य चेतनानंदाय ह्लीं ॐ स्वाहा*
   अथवा
5. *ॐ ह्लीं दिव्य चेतनानंदाय सोहम् ह्लीं ॐ*
   अथवा
6. *ॐ ह्लीं दिव्य चेतनानंदाय ह्लीं ॐ नमः*
7. *क्लीं ललिताशरण स्मिताम्बिकायै क्लीं स्वाहा*
   अथवा
   ॐ क्लीं ललिताशरण स्मिताम्बिकायै क्लीं ॐ स्वाहा

भैरव मंत्र

ॐ ह्रीं भं भैरवाय नमः

गायत्री मंत्र

ॐ भूः भुवः स्वः तत् सवितुः वरेण्यम्।
भर्गो देवस्य धीमहि धियो योनः प्रचोदयात्

चेतना मंत्र

ॐ ह्रीं मम प्राण देह रोम प्रतिरोम चैतन्य जाग्रय ह्रीं ॐ नमः।

अमृत मंत्र

ॐ आत्मप्राण चैतन्य पूर्णत्व सिद्धिम् ऐं ह्रीं श्रीं नमः

शांति मंत्र

सर्वा बाधा विनिर्मुक्तो धन धान्य सुतान्वितः।
मनुष्यो मत प्रसादेन भविष्यति न संशयः॥

तेजस मंत्र

ॐ ह्रीं हुं हुं तेजसे हुं हुं ह्रीं ॐ फट्।

कायाकल्प मंत्र

ॐ मम समस्त देह रोम अन्तर्बाह्य जाग्रय कायाकल्पाय फट्।

प्रायश्चित्त मंत्र

ॐ भुताय त्वां देह प्रायश्चितम् परिमार्जनम् देह भुताय फट्।

समर्पण

आवाहनं न जानामि न जानामि विसर्जनम्।
पूजां चैव न जानामि क्षम्यतां परमेश्वरि॥
मन्त्रहीनं क्रियाहीनं भक्तिहीनं सुरेश्वरि।
यत्पूजितं मया देवि परिपूर्णं तदस्तु मे॥
यदक्षर पद भ्रष्टं मात्रहीनं तु यद्भवेत्
तत्सर्वं क्षम्यतां देवी नारायणी नमोस्तुते
विसर्ग बिन्दुमात्राणि पदपादक्षराणि च
न्यूनानी चातिरिक-तानि क्षमश्च परमेश्वरी
अन्यथा शरणं नस्ति त्वमेव शरणं मम
तस्मात् कारुण्य भावेन रक्ष रक्ष महेश्वरि
कायेन वाचा मनस इन्द्रिर्वा
बुद्धि-आत्मना वा प्राकृतेः स्वभावात् ।
करोमि यत्-यत्-सकलं परस्मै, नारायणायेति समर्पयामि ।

!!! श्री गुरु चरणार्पणमस्तु !!!

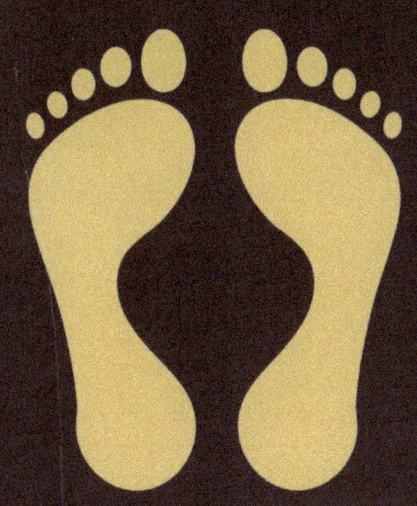

श्री गुरु चरणार्पणमस्तु

ॐ असतो मा सद्गमय ।
तमसो मा ज्योतिर्गमय ।
मृत्योर्मा अमृतं गमय ।
ॐ शान्तिः शान्तिः शान्तिः ॥

SMITA VENKATESH

SV

© all rights reserved

🌐 smitavenkatesh.com   ✉ smitavenkatesh108.gmail.com   📷 smitavenkatesh.108

www.ingramcontent.com/pod-product-compliance
Ingram Content Group UK Ltd.
Pitfield, Milton Keynes, MK11 3LW, UK
UKHW060214240426
12048UKWH00031BB/1727